孩子超喜欢的中国历史

三国两晋南北朝 篇

南州 编著

石油工业出版社

图书在版编目（CIP）数据

孩子超喜欢的中国历史. 三国两晋南北朝篇 / 南州编著. —北京：石油工业出版社，2023.12
ISBN 978-7-5183-6189-2

Ⅰ.①孩… Ⅱ.①南… Ⅲ.①中国历史—三国时代—儿童读物②中国历史—魏晋南北朝时代—儿童读物 Ⅳ.①K209

中国国家版本馆 CIP 数据核字（2023）第 149068 号

孩子超喜欢的中国历史 三国两晋南北朝篇
南州 编著

出版发行：石油工业出版社
　　　　　（北京市朝阳区安华里二区1号楼　100011）
网　　址：www.petropub.com
编 辑 部：（010）64523689
图书营销中心：（010）64523633
经　　销：全国新华书店
印　　刷：三河市祥达印刷包装有限公司

2023年12月第1版　　2023年12月第1次印刷
710毫米×1000毫米　开本：1/16　印张：9
字数：110千字

定价：38.00元

（如发现印装质量问题，我社图书营销中心负责调换）
版权所有，侵权必究

前言

　　历史是一面镜子，也是一本深刻的教科书，它照亮现实，照亮未来。在编辑"孩子超喜欢的中国历史"系列图书的过程中，我们从家长注重知识吸收、孩子注重阅读享受这两方面入手，力求还原每个历史时期的鲜明特点，使文字叙述符合孩子的兴趣与认知习惯，助力孩子轻松了解中国历史，帮助孩子培养对历史的兴趣。

　　孩子为什么要读历史？读历史对孩子有哪些好处呢？

　　首先，读历史可以让孩子性格更加温和。孩子读历史，可以明白什么是礼仪、什么是修养，从历代的名人故事中体悟做人做事的道理。

　　其次，读历史可以让孩子开阔眼界，更加聪慧。历史里有兵法、政治、经济、文化、地理、礼制、宗教、律法、民俗、科技等，孩子想增加知识、增长见识，历史是最丰富的资料来源。另外，能被历史记录下来的，往往是大人物和大事件，这里面蕴含着大格局、大智慧。孩子读历史，在长期耳濡目染之下，"心智"自然就提升了。

最后，读历史可以让孩子快速提高学习成绩。读历史，不仅是在看历史故事，还能锻炼孩子的阅读能力、思考能力，经常读历史的孩子，在阅读速度和理解能力方面都有很大优势。

"孩子超喜欢的中国历史"系列图书共六册，本册"三国两晋南北朝篇"讲述了三国两晋南北朝这一时期的兴衰历史，选取了这段特殊的历史时期中产生重大影响的人物和事件，便于孩子快速了解这一时期的历史。

三国两晋南北朝，是中国历史上政权更迭最频繁的时期，主要分为三国（曹魏、蜀汉、东吴）、西晋、东晋和南北朝时期。由于长期的封建割据和连绵不断的战争，这一时期中国文化的发展受到特别大的影响。黄初元年（220年）曹丕建魏。581年，北周大臣杨坚受禅称帝，定国号"隋"，建都长安（今陕西西安），589年灭南方的陈朝，结束南北朝分裂的局面，全国再度统一。

三国两晋南北朝时期是中国历史上一个长期分裂的动荡时期，政权崩溃、军阀割据、经济衰退以及文化多样性等因素共同作用，形成了这一局面。这一时期对于后世的政治、文化和社会变迁产生了深远的影响。

历史是一条时间长河，通过读历史，孩子不再局限于眼前的一花一木，而会把自己置身于更高的地方看世界，懂得社会的发展规律。"孩子超喜欢的中国历史"系列用通俗易懂的语言、富有底蕴的故事、呆萌可爱的全彩插画，给孩子营造轻松快乐的阅读气氛，让家长和孩子在不知不觉中通晓历史，感悟成长！

目录

三兄弟开始戎马生涯 …………… 001

袁绍打不过曹操 …………………… 005

刘备三顾茅庐 ……………………… 009

崭新的时代诞生了 ………………… 012

曹操再上一层楼 …………………… 016

刘备有了自己的地盘 ……………… 020

破格任用魏延守门户 ……………… 024

一代名将画上生命句号 …………… 028

禅让好戏正式上演 ………………… 032

"汉室忠臣"称帝 ………………… 036

诸葛亮最后一次北伐 ……………… 040

司马懿韬光养晦待良机 …………… 044

曹爽一党就这么完了 ……………… 048

诸葛恪达到事业高峰 ……………… 052

司马昭的那点小心思 ……………… 056

刘氏的基业崩盘了	060
司马炎坐上皇帝宝座	064
三国鼎立的局面结束	068
司马衷太子之位稳如泰山	072
杨骏是匹脱缰的野马	076
秋后的蚂蚱司马伦	080
司马氏内部闹翻了天	084
刘渊蛟龙入水做大事	088
石勒的逆袭之路	092
皇帝成为阶下囚	096
九五之尊遭毒杀	100
逃不过被杀的命运	103
王与马，共天下	107
石勒与刘曜反目	111
一代枭雄桓温的处子秀	115
总算保住了半壁江山	119
东晋彻底灭亡	124
梁武帝被活活饿死	127
北魏全盘汉化	131
天下重新获得统一	135

三兄弟开始戎马生涯

所谓时势造英雄，刘备便是由东汉末年群雄争霸的混乱时势造就的一个英雄。刘备于东汉延熹四年（161年）生于涿郡涿县，是汉景帝的儿子西汉中山靖王的后代。

刘备少时父亲便已过世，他和母亲靠着编草鞋、做席子过日子。虽然生活艰苦，刘备却从来不曾丢了自己的志气。至十五岁时，母亲让他跟随卢植学习。

刘备礼贤下士，能服人，年少时就好结交英雄豪侠。当时有中山大商人张世平和苏双来到涿郡卖马，他们与刘备结识，并给他钱财。黄巾起义爆发时，刘备便用这些资本来招募兵士，这招兵不招则已，一招便招来了两名大将，即关羽和张飞。

关羽是河东解良人，因逃亡来到了涿郡。张飞与刘备一样，也是涿郡人。据传张飞是个著名的书法家、画家，擅画美人。张飞礼贤惜英，大有名士之风。

刘备、关羽、张飞，三人可谓相识恨晚，情同兄弟。时恰逢幽州刺史郭勋的校尉邹靖向郭勋提议从民间招贤纳士，刘备于是率众投奔邹靖，从此三人开始了戎马生涯。

刘备随邹靖打了几场胜仗，因此被封为安喜县县尉，随即和关羽、张飞以及一起打仗的兄弟走马上任。刘备上任不久，朝廷就发布了命令：凡是因军功坐上官位的人，都要重新考核，合格的留下，不合格的淘汰。没多久，一个督邮来到了安喜县，刘备立刻赶往督邮入住的驿站。但督邮却对刘备避而不见，命下人出去对刘备说自己生病了。

刘备怒气冲冲地回到县衙，将他的手下集结起来，带领他们直入督邮的住所，把正悠闲享乐的督邮拖到院子里，绑在了树上。刘备拿起鞭子往督邮身上狠狠地甩了下去，打了一百多下后，一不做二不休，想杀了督邮。督邮苦苦哀求，刘备才作罢。

刘备怒鞭督邮后，和关羽、张飞逃出了安喜县。后来，大将军何进派人到丹阳募兵，刘备得知消息，于途中加入，随军到下邳，力战盗贼立功，被任命为下密县县丞。不久刘备就辞官了，随后又历任高唐尉、高唐令等职。后来高唐县被盗贼攻破，刘备无处可投，忽然一个身影在他的脑海里显现出来。

这个人就是公孙瓒。

公孙瓒出身贵族，却因为生母地位卑贱，只当了个郡中小吏。公孙瓒相貌堂堂，声音洪亮，机智善辩。涿郡太守刘基很赏识他，就将女儿许配给了他。

公孙瓒曾和刘备一起跟随卢植学习，因此二人在年少时结下了深厚的友谊。后来公孙瓒受命征讨北方少数民族，因喜爱骑白马，北方人皆称其"白马将军"，后征讨有功，拜了高官，刘备因此投

他门下。

公孙瓒见刘备来投，非常高兴，于是向朝廷举荐刘备，任命他为别部司马。东汉初平二年（191年），刘备因随青州刺史田楷平青州叛乱有功，试守平原县县令，后领平原国相。

知识库

涿郡：古代郡名，汉高祖刘邦时设置，治所在涿县（今河北涿州）。不同历史时期范围有所变化，辖境相当于今北京房山以南，河北易县、清苑以东，安平、河间以北，霸州、任丘以西地区。三国魏黄初年间改名范阳郡。

袁绍打不过曹操

东汉建安五年（200年）二月，袁绍按捺不住心中的欲望，要给曹操致命一击。袁绍手下名将颜良渡过黄河，以迅雷不及掩耳之势围攻白马城。曹操以荀攸声东击西之策，成功解围。

袁绍整顿军队，率领十万大军渡过黄河，向曹操步步逼近。在两军对峙中，双方各有胜负，只是曹操的眉头越皱越紧，因为曹军中粮草已剩不多。如此下去，这仗如何打？思来想去，曹操打起了劫粮的主意。

这日，曹操手下将领徐晃抓获了一名袁绍的探子。此人交代，袁绍大本营邺城方向有一队运粮车马正往官渡方向赶来。曹操立即将注意力转移到这支运粮队伍上。曹操派去的侦察兵来报，袁绍的军粮车少说有两千辆，负责押送的是袁绍的大将韩荀。两千余辆粮草，这对将要面临饥饿的曹军来说，无疑是一块大肥肉，曹操立即部署劫粮事宜。

荀攸推荐了徐晃。徐晃被曹操称为"有周亚夫之风"，更难能可贵的是，徐晃忠心耿耿，对曹操毫无二心。曹操一听徐晃之名，便点头应允。曹操以徐晃及其部下史涣为先锋，令其率领轻骑兵拦截韩荀。曹操恐徐晃兵力不足,又让张辽与许褚断后。史涣带领小部队在主力部队的掩护下,偷偷溜到韩荀后方。韩荀马虎大意,只与徐晃相斗,丝毫没有察觉到后方的威胁。

徐晃命史涣在韩荀后方放了一把火。韩荀见辎重着火,又无法分身,火势渐大,已无法挽回,便寻了个机会,一溜烟跑掉了。徐晃率领部队一番打劫,能带走的就带走,然后回去复命了。此番劫粮,虽然没有达到预想中的结果,却也将袁绍的嚣张气焰浇灭了不少,袁绍阵营中更是矛盾重重,面临分化的危机。

袁绍的谋士许攸屡屡提议均被拒绝,倍感无用武之地,又逢家人被收押,一怒之下,投奔曹操去了。曹操对许攸嘘寒问暖,许攸在袁绍处备受冷落,此时受到如此待遇,不免心头一热,当即献上了乌巢劫粮之计,曹操立刻采取行动。

袁绍听闻粮草被烧,只派一股骑兵前去支援,自己则打起了另外的主意。

曹操兵力两万有余,此时正率领五千精锐攻打乌巢,那么驻守官渡的满打满算有一万五千名士卒。用这一万五千名士卒防守官渡,势必困难重重,若趁此时机将官渡一举拿下,曹操就只能束手就擒。想到这里,袁绍立即派大将张郃、高览二人攻打曹营。

袁绍的如意算盘打得再妙,也抵不过现实的残酷。曹操的五千精锐,在袁绍援军还未到达之前已将乌巢拿下,随后迅速往官渡赶去。张郃、高览久攻官渡不下,信心大减,又闻曹操兵马归来,继续攻打还是撤退,张郃、高览二人踟蹰不前。就在他们犹豫之时,曹操

兵马的马蹄声已经隐隐可闻,这二人心一横,归降了曹军。

曹操乘胜追击,袁绍及其子袁谭率领八百士卒渡过黄河逃奔而去。官渡的惨败给袁绍留下了阴影,每念及此,心中便抑郁不已,以至忧劳成疾,强撑了两年,吐血而亡。

> **知识库**
>
> 官渡:汉末三国时地名,在今河南中牟官渡镇一带。是从河北进军河南地界的军事要冲之地,因发生了震惊天下的官渡大战而闻名。

刘备三顾茅庐

刘备入荆州投刘表多年，毫无建树，见曹操铲除袁氏集团平定北方，再看自己闯荡半生，仍旧颠沛流离，刘备不得不深思其中原因。思前想后，司马徽所说不无道理，不管如何，要扩充实力，招贤纳士必不可少。

前些日子，刘备去拜访司马徽，司马徽称学生诸葛亮为"兴周八百年之姜子牙，旺汉四百年之张子房"，而有卓越军事才能的徐庶也称赞诸葛亮"有经天纬地之才，盖天下一人也"。

司马徽与徐庶乃当世名士，二人对诸葛亮如此推崇，可见诸葛亮不是一般人物。刘备打算将诸葛亮纳入自己麾下，便将徐庶唤来，让其引见诸葛亮。刘备的想法很简单，诸葛亮有旷世之才，又是识时务之士，自然会乐于出仕。

刘备看惯了那些急功近利之士，而他自己也是一个有利就投奔之人，对于诸葛亮这样心存节操、愿为知己者死的名士见得不多，因此轻视了诸葛亮的格调。仅仅凭一句"敢烦元直为备请来相见"，就想请诸葛亮出山，明显诚意不足，徐庶再言诸葛亮之不凡，刘备才终于重视起来，与关羽、张飞带着厚礼，往隆中卧龙岗去拜见诸葛亮。

不凑巧的是，诸葛亮不在，刘备本打算在茅庐边等候，被关羽、张飞劝回。第一次没有见到诸葛亮，刘备并没有气馁，正值寒冬腊月，大雪纷飞，刘备再次在关羽、张飞的陪同下，前去拜见诸葛亮，不料诸葛亮又外出未归，刘备惆怅不已。

张飞见诸葛亮又不在家，心中恼怒，便吵着要回去。刘备见天色已晚，也不便久留，便写下一封信，表达了自己的敬仰之情以及希望诸葛亮出山协助自己、救百姓于水火之中的请求。

诸葛亮归来，看了刘备的书信，心有所动，却并没有任何表示。

刘备焦急，恐诸葛亮不肯出山，再次携关羽、张飞来访。皇天不负有心人，这次，诸葛亮终于在家了，只是，此时正值中午，诸葛亮的小童来报，诸葛亮正睡午觉，不便打扰。刘备与关羽、张飞在外等候，直到诸葛亮醒来。

诸葛亮终于被刘备的精诚之心打动，二人促膝长谈，诸葛亮见刘备心怀天下苍生，是一个明主，尽管刘备此时正处于潦倒落魄之时，诸葛亮仍旧决定出山辅佐刘备。

这一年是东汉建安十二年（207年），刘备四十七岁，诸葛亮二十七岁。"三顾茅庐"看似是一件刘备礼贤下士的小事，却是汉末历史发展进程中的一个重大事件，这就不得不提诸葛亮颇有先见的《隆中对》。

《隆中对》就是这次会面诸葛亮为刘备所设计的一个成就霸业的战略路线。刘备听了诸葛亮的对策，如醍醐灌顶，对诸葛亮甚是佩服。诸葛亮一语敲醒了梦中人。

知识库

刘表：字景升，山阳郡高平（今山东微山）人。西汉鲁恭王刘余的后代。刘表因年轻时参加过太学生运动，受党锢之祸牵连，被迫逃亡。荆州刺史王睿死后，其职由刘表继任。由于当时江南一带盗匪横行，刘表只得隐瞒身份，独自一人赴荆州上任。

崭新的时代诞生了

东汉建安五年（200年），孙策在狩猎中为刺客所伤，不久后身亡。其弟孙权临危受命，继承父兄大业，成为江东新主。

孙权继位后，安抚山越，三伐黄祖，夺得夏口。夏口是江夏的门户，而江夏又是荆州的门户，夺得夏口，江夏唾手可得，夺得江夏，荆州指日可待。同年八月，刘表病死，鲁肃提出由他代表孙权去荆州吊丧，了解情况，孙权批准了他的请求。

鲁肃刚到夏口，听闻曹操已向荆州进兵。等他到南郡时，刘表的儿子刘琮已经献出荆州降曹，刘备正准备南撤渡江。鲁肃当机立断，去找刘备。

在当阳长坂，鲁肃与刘备相遇，并向刘备详细述说江东的情况，劝刘备与孙权联合，共同对抗曹操。刘备听了鲁肃的分析，同意并力抗曹。刘备率部进驻江夏，派诸葛亮随鲁肃去柴桑会见孙权。

孙权得知曹操准备渡江东侵，立即召集众位将领商议。将领们都劝孙权降曹，只有鲁肃坚持抗曹。当时周瑜正在外地，鲁肃劝孙权将他召回。周瑜归来，孙权让他主持战事，任命鲁肃为赞军校尉，帮助周瑜出谋划策。孙刘联合抗曹的局面就此形成。

曹操本想以绝对优势渡江，一举攻下江东，却不料初战失利。曹操眉头紧锁，发愁如何对抗对岸周瑜的水军。长江水流湍急，船只颠簸，况且是在船只中作战，让北方来的士卒难以适应。于是，曹操令士卒将船只首尾连接，以此稳固船只，便于训练士卒。

眼见曹操开始训练水军，黄盖向周瑜提议，曹军舰只首尾相接，可以用火攻。不过要施火攻之策，也实为不易。黄盖自告奋勇，以诈降投奔曹操，以便靠近曹操的战船，实施火攻。于是，一场针对曹操的计谋展开了。

这日，黄盖遭到周瑜毒打的消息传了开来，黄盖写书信给曹操诈降。曹操心中得意，等着黄盖投向自己的阵营。曹操志得意满，急切期待一场胜利的到来。

周瑜这边，以黄盖为先锋，准备了十艘轻便的船只，里面载满了干草与膏油，然后用红色帷幕做遮掩，旌旗满布，甚为显眼。周瑜又令人预备了一批小船系于大船之后，以做好后撤的准备。

黄盖的船只距离曹军越来越近，曹操立于船头，心中洋溢着喜悦之情，只等与黄盖相见，然后杯酒尽余欢。黄盖越来越近，只有

二里的距离了。曹操正准备率领部下前去迎接，却见江中火光一片，曹军骚乱起来。曹操再迟钝，也明白其中缘故，无奈之下，只得仓促应战。

装满干草与膏油的船只，借着东南风越烧越旺，横冲直撞而来。被点燃的船只，一艘延及一艘，火光冲天，惨叫连连。周瑜率领水军前来。曹操见大势已去，当即命令士卒点燃剩余战船，引兵从华容道步行后退。到江陵后，曹操担心因战争失利造成北方政局不稳，便马不停蹄往老家赶去，这场赤壁之战，以孙刘联军的胜利告终。

赤壁之战让曹操失去了统一南北的机会，终其一生，曹操也没有实现这一夙愿，孙刘联军的胜利，开创了三分天下的局面，一个崭新的时代诞生了。

知识库

华容道：古地名。据《资治通鉴》的解释，就是"从此道可至华容也"。这里的华容，指的是华容县城。古时的华容县城在今湖北省监利市城北的周老咀附近。曹操要逃回江陵，走华容县是捷径。

曹操再上一层楼

东汉建安十七年（212年）五月，曹操诛杀马腾全家，夷其三族。同年七月，马超驻守蓝田的残部也被夏侯渊讨平。至此，曹操基本消除了关西叛军对中原的威胁。十月，经过短暂休整，曹操又欲南征孙权。

曹操欲南征孙权之时，已是丞相职位，位极人臣。因此，曹操功劳虽大，却无法再在职位上晋升，但是在名位上，曹操却还有向上的空间，只是，曹操本人不好表示，幸而曹操的下属已想到了这一点。

董昭颇受曹操器重，为感谢曹操的栽培，他建议曹操依照古法建立公、侯、伯、子、男五等封爵制度。曹操听取了董昭的建议，董昭便在幕后策划曹操晋爵之事。他先联系了一干拥护曹操的大臣，大家一起商议后决定上表请求加封曹操为魏公。曹操并非汉室宗亲，却循照古法，晋爵魏公，不知外界反响如何。

董昭经过一番思索，决定找一位才智突出的谋略之士商量一番，而且这个人得是曹操心腹，不会反对曹操晋爵魏公。董昭想到了荀彧，他和一干大臣就此事秘密咨询荀彧，欲得到荀彧的建议。

荀彧是曹操的首席谋士，受曹操信任，担任侍中、尚书令之职，与曹操共同筹划军国大事。董昭认为，荀彧一定能给出对策，帮他们回应可能出现的反对曹操晋爵魏公的声音。但是，董昭失算了，他没想到，荀彧从骨子里是个坚定的拥护汉室、尊崇汉帝的人。

荀彧第一个站出来反对曹操晋爵魏公，他认为曹操兴起义兵的本意是为了匡扶朝廷、安定国家，应怀着忠贞的诚心，保持谦让的品质，所以不应该这样做。曹操被荀彧冠以"兴义兵以匡朝宁国"的头衔，自然不好表示反对，只是心里从此对荀彧埋下恨意。

等到南征孙权之时，曹操上书朝廷请求派荀彧到谯县来慰劳军队。荀彧到达后，曹操就借参谋军事的理由留下荀彧。后来，曹操大军开赴濡须口，荀彧因病留在寿春。据《资治通鉴》记述，荀彧在寿春期间"饮药而卒"，服毒身亡。

荀彧死后，曹操在进军濡须口的过程中，历时良久却没有取得突破性的进展，于东汉建安十八年（213年）夏回到邺城。其后，朝中群臣要求献帝晋曹操为魏公的奏章如雪花般飞来，迫于压力，五月初十，汉献帝宣布封曹操为魏公。

曹操再上一层楼

曹操得封魏公，就可以在自己的属国设置百官，拥有自己的忠诚党翼。荀彧当年建议曹操奉迎献帝定都许昌，本是秉着拥戴主上以顺从民众，扶持大义来招收天下英才的心思，意图扶持汉室，振兴朝纲，却被曹操打着"奉天子以令不臣"的旗号行"挟天子以令诸侯"之事。

知识库

董昭：字公仁，济阴定陶（今山东省菏泽市定陶区）人。董昭年轻时被举为孝廉，后辅佐袁绍，但袁绍不听从他的建议，于是他离开了袁绍。后在洛阳与曹操相见，建议曹操将汉献帝迎到许昌。董昭自此成为曹操的谋士。

刘备有了自己的地盘

东汉建安十六年（211年），曹操派钟繇讨伐张鲁。张鲁占据汉中，侵扰益州北部，对刘璋构成威胁。曹操派兵讨伐张鲁，若能成功，则可消除张鲁对益州的威胁。刘璋本应感到高兴，可是唇亡齿寒，刘璋素知曹操意在一统天下，张鲁虽然对益州构成威胁，但还吞不了益州，而曹操实力雄厚。汉中是益州的屏障，曹操要是铲除掉张鲁后，乘机进攻益州，益州就危险了。

自从听到曹操派钟繇等人前往汉中讨伐张鲁的消息，刘璋就一直心事重重，饮食无味。张松猜到刘璋是因为曹操而心怀恐惧，心里在盘算。张松本人被曹操羞辱过一回，憎恨曹操，而刘备和曹操作对，天下皆知。张松想要报复曹操，又见刘璋懦弱无能，便打起了卖主的心思。张松想干什么呢？他想把刘备请进益州。

张松先套刘璋的话，他对刘璋说：“刘备是您的同宗、曹操的大仇人，又善于用兵，如果让刘备讨伐张鲁，一定能击破张鲁。张鲁一破，则益州势力增强，曹操即使来攻，也无能为力了。”

刘璋正急得一筹莫展，听了张松给他出的主意，紧缩的眉头舒展了不少。

此时，刘备正屯驻在江陵。刘璋听了张松的建议，便派法正率四千人到江陵迎接刘备。

法正与张松交好，常在一起议论时事，谈到刘璋，两人都认为刘璋"不足与有为"。如今法正被派去迎接刘备进益州，他要是不乘机兴风作浪，也是怪事。

法正来到江陵，先是传达刘璋邀请刘备进蜀的意思，再将刘璋贬了一顿，将刘备夸了一顿，最后进入正题，游说刘备取代刘璋。刘备同意去益州，于是留下诸葛亮、关羽等人守荆州。任命赵云兼任留营司马，随后率领几万步军向益州出发了。

刘备进入益州后，刘璋上书推举刘备代理大司马，兼任司隶校尉；刘备也推举刘璋代理镇西将军，兼任益州牧。刘璋增强了刘备的兵力，让他进击张鲁，又让刘备督统白水关军队。此时，刘备的军队合起来共有三万多人，车辆、铠甲、器械、粮草、钱财皆充足。

刘备在益州收买人心，积蓄力量，将刘璋"速攻张鲁"的托付抛在脑后。当他知道刘璋得悉自己欲图益州之后，决定有所行动。刘备领军向成都推进，沿途各地诸将望风而降。刘备来到成都城下，命大军将成都团团围住。胜券在握，刘备不愿再徒添伤亡，他在等着刘璋投降。

大兵压境，人心惶惶，此时正值夏季，闷热和焦灼一起向刘璋袭来。只是，刘璋还想再熬下去，然而当他听闻马超归降刘备后，就再也坚持不住了。马超有韩信、英布之勇，守城已无希望，刘璋当即投降。

刘备进入成都，设酒宴犒劳将士，把城中的金银分赐给他们，接着给功臣加封，同时授予有才能的降将职位。刘备在成都选贤任能，又有诸葛亮帮助治理益州，局势逐渐稳定。

知识库

白水关：位于今四川青川县沙州镇五里垭，距垭下古白水县城仅一江之隔。白水关陆路北通秦陇，南接葭萌；水路溯白龙江而上可到甘南，下可达巴渝，乃至荆湘，是一处重要的军事关隘。

破格任用魏延守门户

刘备得益州后，辛辛苦苦与曹操军队作战一年有余，才夺得汉中。因此，刘备返回成都前，一直在物色一名合适的将领，帮他紧守益州的门户。

刘备与关羽、张飞"寝则同床，恩若兄弟"，天下皆知。所谓"一人得道，鸡犬升天"，更何况是这么要好的兄弟。刘备夺得汉中后，取得三块大的根据地，一块是以成都为中心的益州，一块是荆州，另一块就是新得的汉中郡。刘备自己镇守成都，关羽则被派驻荆州，只有张飞尚没有独自治理的领地。群臣们都认为刘备会选择张飞镇守汉中。

群臣都属意张飞督汉中之时，刘备的任命书到了。然而，任命书上没有张飞的名字，被任命为督汉中镇远将军兼任汉中太守的是魏延。顿时，汉中街头巷尾议论纷纷。

魏延，在刘备进益州时，他的身份仅仅是一名小小的"部曲"，在刘备驱逐刘璋的过程中，魏延屡立战功，这才被升为牙门将军。牙门将军，并不是东汉将军编制中的正式称号，只是刘备自行设定的职位。魏延以区区牙门将军的身份，陡然间升任为督汉中镇远将军兼汉中太守,不仅令群臣感到惊讶,也让张飞心中不快。

刘备属下,有关羽、张飞、马超、黄忠、赵云等名将,关羽驻守荆州重地,自可排除在外。但刘备如果不选张飞坐镇汉中,为何不考虑远比魏延知名且经验丰富的马超、黄忠、赵云呢?

汉中是抵御曹军的前哨,将领及士兵保持融洽的关系方能一致对敌,而张飞却恰恰在这方面有缺陷,刘备当然不放心让张飞镇守汉中。而赵云,刘备任命他主管宫中之事,自然也可排除在外。黄忠虽然勇猛,老而弥坚,但毕竟年事已高,可能会发生意外情况,不利于汉中的稳定。马超威名显赫且身居高位,但因其是降将,刘备对他难以信任,因此只会把他摆在爵位高、无实权的位置,不会让他坐镇汉中要塞。

此时的刘备，年近六十，垂垂老矣，急于为儿子刘禅储备新的将才，遇到才俊，便破格任用。魏延远比张飞等人年轻，又一贯忠心，且在益州争夺战中展现出优秀的指挥能力及判断能力，这些都被刘备看在眼里。于是，在选择汉中主帅的重大问题上，刘备置张飞和全军的议论于不顾，破格任用魏延。

魏延虽然获得刘备的信任，刘备也知其能足以担当汉中太守一职，可他资历尚浅，难以令军中诸老将服膺。为此，刘备公开站出来，明确表达对魏延的支持。他效法刘邦当年登坛拜韩信为大将的旧事，特意择吉日大会群臣，当场封魏延为督汉中镇远将军兼汉中太守。

刘备让魏延督汉中军事后，又开导张飞，并授予张飞另外的职位予以补偿。等到汉中人心安定，魏延显示出驾驭有度的气象，刘备便安心返回成都。

知识库

黄忠：字汉升，南阳（今河南省南阳市）人。本为刘表部下，后归刘备。定军山一战中，黄忠斩杀曹操手下名将夏侯渊，拜征西将军。刘备称汉中王后，加封黄忠为后将军，赐关内侯。次年，黄忠病逝。

一代名将画上生命句号

刘备在夺得益州、汉中以前,势力孤弱,孙权认为曹操是自己最大的威胁,因此始终与刘备交好。但在刘备取得益州、汉中以后,势力变大,孙权才意识到,关羽镇守的荆州威胁到了江东的安全。

孙权为此想要和关羽联姻,巩固双方间的和睦关系,同时想以亲家之名拴住关羽的心,不让他生出图谋江东的主意。孙权派出使者为自己的儿子求娶关羽的女儿,但他没想到,他派出的使者却被关羽狠狠羞辱了一番。孙权听了使者的禀告,震怒不已。

孙权向关羽提亲之时,鲁肃已死,接替鲁肃职位的是吕蒙。吕蒙与鲁肃不同,吕蒙是个强硬派。吕蒙认为,关羽野心很大,孙、刘两方难以长久保持友好关系。吕蒙建议孙权派孙皎守南郡,潘璋守白帝,而让蒋钦的军队在长江一带灵活机动,打游击战,自己据守襄阳,这样就可以牵制曹操,也不需要关羽的支持。

孙权听了吕蒙的话,有了与刘备决裂的心思,这个时候,曹操的使者来到江东。曹操此举是为了解樊城之围,来拉拢孙权。双方各有所需,一拍即合。孙权向曹操写信表示,愿意率一支军队讨伐关羽,为朝廷效力。

吕蒙当时驻扎在陆口，他特意向孙权上疏，告知孙权对付关羽的初步战略。他的计策是称病返回建业，降低关羽的警惕。之后，吕蒙称病在家。孙权看了奏疏便让吕蒙到建业治病，暗中与他策划大事。

吕蒙在回建业的路上经过芜湖，江东的另一个杰出将领陆逊驻扎于此。陆逊并不知晓吕蒙的计划，见吕蒙离开陆口重地，便向吕蒙表示他的担心。

陆逊将关羽视为江东的头号敌人，所以平时经常分析关羽缺点、做收集情报的工作。吕蒙通过与陆逊的一番交谈，认清了陆逊的立场。吕蒙感到，陆逊虽然年轻，但是见识不凡，是个不可多得的帅才。原本，吕蒙想要用诈病来麻痹关羽，但是听到陆逊对关羽性格缺陷的分析，吕蒙又有了新的想法。

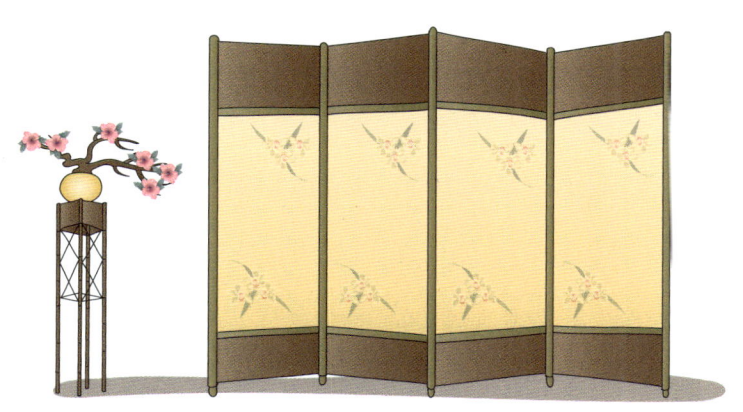

吕蒙想到，在自己离开陆口的日子里，必然要找一名新统帅来代替自己，如果选一个名不见经传的将领，并让他向关羽表示臣服，更能勾起关羽的自大心，彻底麻痹他。没多久，一封急信由建业直抵芜湖，孙权任命陆逊为偏将军右都督，代替吕蒙驻守陆口。

陆逊接受了孙权的任命，迅速抵达陆口，接替吕蒙做麻痹关羽的后续工作。在他接二连三向关羽示弱后，关羽的警惕性慢慢下降。终于，关羽对孙权不再有所戒备，将荆州的军队一批批地调往襄樊前线，助攻樊城，预谋良久的孙权随即下令取荆州。

关羽最后在樊城被徐晃军击退，又闻得南郡失守，心中惶惶，引兵南撤。逃到麦城后，孙权派人诱降他。关羽伪装投降，把幡旗做成人像立在城墙上，然后逃遁。孙权早料到关羽会逃走，事先就已命令朱然、潘璋切断关羽的去路。潘璋手下的司马马忠在章乡擒获关羽及其儿子关平。潘璋等人邀功心切，就斩杀了关羽。一代名将，就此画上生命的句号。

知识库

麦城：古地名，在今湖北省当阳市两河镇境内，相传为春秋时期楚昭王所筑。自晋以来，麦城因洪水侵蚀冲刷，流沙覆盖，渐渐淹没，麦城如今仅剩残垣断壁，南北长六百米，宽一百米，高三十米，像一座小山。

禅让好戏正式上演

东汉建安二十四年（219年）十月，曹操于洛阳驰援樊城曹仁，驻军摩陂。不久后，樊城围解，曹操回师洛阳。次年正月，曹操抵达洛阳。到洛阳后，曹操再也无法支撑劳累的身体，只好就地休养。随军大臣虽然竭尽全力请来名医为曹操医治，然而，曹操的身体还是江河日下，再难救治了。

建安二十五年（220年）正月二十二日夜，精神日趋倾颓的曹操突然焕发生机，脸上出现很久未见的雄霸之气。在曹操内室侍奉的小黄门对此感到十分惊喜。曹操也露出难得的微笑，示意他召谏议大夫贾逵等人晋见。小黄门兴奋地跑出去传达曹操的命令，贾逵等大臣很快来到曹操的寝宫。曹操的话说得很慢但很清晰。贾逵等人垂首在侧，静静地听着。

正月二十三日早晨，曹操嘱托后事后不久，寝宫传出一个惊人的消息，魏王病逝了！

得知父亲去世的噩耗，鄢陵侯曹彰从长安赶来奔丧。曹彰询问贾逵魏王的印玺放在何处。贾逵心知曹彰手握重兵，又是曹植的支持者，害怕引起争端，便告诉曹彰说继位人早已选定，其他人不应当越权过问。曹彰自觉理亏，便不再发问。

曹操病逝的消息传到邺城的时候，世子曹丕恸哭不已。中庶子司马孚劝谏他要以国事为重。司马孚的一番话点醒了曹丕，为避免人心不稳，危及社稷，曹丕立刻继位魏王。

曹丕即位后，在很短的时间内，接连展开更改年号、提拔亲信、封赏有功三项大事。曹丕的这三项举措，使得他的地位初步稳固，然而曹丕仍然感到莫大的威胁，那就是曹操的众多儿子，其中最让曹丕担心的便是曹植。

昔日争夺世子之位的激烈斗争，曹丕记忆犹新。如今，曹丕虽然顺利继承魏王之位，但群臣中还有暗中支持曹植的人。曹植的文名过于卓著，让他在邺城长久地待下去，难免不生变故，于是曹丕发布了一道严厉的命令，诸侯各自回各自的封国，没有诏命不许回邺城。此时的曹丕，志得意满，意气风发，他越来越看不惯身边傀儡般的汉献帝。

曹丕没有用武力逼迫汉献帝退位，而是让汉献帝禅位给他。

在汉献帝禅位前，天下突然出现不少祥瑞事件。东汉延康元年（220年）三月，黄龙现身谯县；四月，饶安县报告有白雉出现；八月，石邑县报告有凤凰聚集。这些珍禽异兽的出现都是吉祥的征兆，于是，朝野之上纷纷传言，国家将有大喜事发生。

十月，经过一番紧锣密鼓的铺垫后，好戏正式上演。汉献帝禅让帝位，曹丕装模作样地谦让几番后，欣然接受。十月二十八日，曹丕在受禅台上完成登基大典。同年，曹丕改年号为黄初，大赦天下。

知识库

贾逵：本名贾衢，字梁道，河东襄陵（今山西省临汾市）人。历仕曹操、曹丕、曹叡三世，是曹魏政权中颇具才干的人物。《唐会要》将其尊为"魏晋八君子"之一。

"汉室忠臣"称帝

汉献帝禅让帝位，曹丕称帝后，并没有毒害汉献帝。相反曹丕用河内郡山阳县一万民户奉养汉献帝，尊其为山阳公，允许他依旧使用汉朝历法，用天子礼仪进行郊祀，汉献帝的四个儿子也被封为诸侯。

然而，曹丕代汉的消息传到成都却完全变了性质。民间到处传言汉献帝已经被杀害，这条消息对于一向拥护汉献帝的刘备而言恰如五雷轰顶。刘备能够取得汉中王的地位与他是汉献帝的皇叔不无关系。因此，悲痛的刘备发布讣告，制作丧服，要求成都满城缟素，并追加汉献帝谥号为孝愍皇帝。

面对曹丕的行为，刘备隐约觉得，他自己征战多年，天下闻名，又是中山靖王之后，似乎可以成为汉室的新代表，荣登帝位。只是这话，刘备不好说出口。刘备虽然没说出他要称帝，手下的臣子们却忙活开了，他们清楚，刘备如果在曹丕代汉的时刻称帝，最合适不过，而他们也将随着刘备身份的变化，加官晋爵。于是，诸葛亮等人开始安排刘备称帝的事。

益州各地一时间到处都出现了祥瑞征兆，不断有人向朝廷报告某地出现的祥瑞之象。这样的报告接连不断,以至于刘备都觉得有点腻烦。祥瑞之象不断涌现,社会各界纷纷传言,称这是因为汉中王刘备圣明贤德,上天才出现吉祥之兆。百官开始正式上表,请求刘备称帝。

刘备看到群臣的上表,心里美滋滋的。表中的他既具有高大英伟的仪表,又具有非凡的军事才干。这么完美的一个人,刘备自己都有点不认识了,但是,只要能登上帝位,无论说辞怎样,刘备都认同。此时的刘备,已年过花甲,按照当时的平均寿命来算,已属长寿之人,再不过把皇帝瘾,只怕再没有机会了。

就在刘备君臣齐心,准备登基大典的时候,前部司马费诗却跳出来表示反对。费诗遵照礼节,给刘备上书,将刘备拥护汉室的口号和他要称帝的行为对比,暗讽刘备此举表里不一,将会引起天下人的怀疑。此时的刘备称帝之心已定,容不得费诗的反对意见,于是将费诗贬为州部永昌从事。

刘备以汉室忠臣自居,故曹丕代汉后,刘备仍沿用建安年号。东汉建安二十六年(221年)四月,刘备在成都武担山南举行称帝仪式。称帝仪式结束后,刘备定国号仍为汉,改建安二十六年为章武元年,以诸葛亮为丞相,许靖为司徒,设置百官,建立宗庙,祭祀自汉高祖以下的历代祖先。

知识库

费诗:字公举,生卒年不详,益州犍为南安(今四川省乐山市)人。刘璋占据益州时,费诗担任绵竹县县令。刘备取益州时,费诗举城而降。费诗为人耿直,敢于吐露直言,但也因此在仕途上不得志。

诸葛亮最后一次北伐

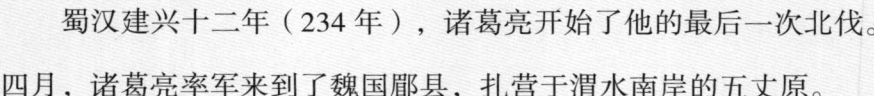

蜀汉建兴十二年（234年），诸葛亮开始了他的最后一次北伐。四月，诸葛亮率军来到了魏国郿县，扎营于渭水南岸的五丈原。

司马懿一听说诸葛亮再次来犯，急忙领兵前去阻拦。此时司马懿手下的将领皆认为应该在渭水以北与诸葛亮隔水相持，司马懿却率领军队渡过渭水，沿岸设点阻击。司马懿对诸将说："诸葛亮如果勇敢的话，应当兵出武功，依山列阵。如果向西上五丈原，那么，各军就没事了。"后来得知诸葛亮果然屯兵五丈原时，魏将无一不感到欣喜，仿佛胜利已经在望了，然而郭淮却皱起了眉头。

郭淮并不认为诸葛亮进驻五丈原，魏军就能多轻松，相反，他认为诸葛亮必定会派兵到北原攻打魏军，以便阻断陇道，切断陇右与关中的联系，魏军将不得不应战，因此他建议司马懿率先进驻北原。

司马懿觉得很有道理，于是便命郭淮等人率兵移屯北原，阻拦诸葛亮。然而堑垒尚未完成，诸葛亮已经派兵前来攻城。在郭淮的坚守下，诸葛亮无法攻下北原，只好领兵西行，做出欲攻西围的样子。然而郭淮认为诸葛亮进攻西围是假，向东进攻取阳遂才是真。诸葛

亮果然领兵来到阳遂城下,然而魏军在郭淮的提议下,早就做好了万全准备,因此得以顺利击退敌军。

诸葛亮想要速战速决,然而司马懿听从魏明帝的指示,面对诸葛亮的进攻,只坚守不出兵。司马懿的坚守当然不是因为害怕诸葛亮,他是在等待一个机会,一举逼退诸葛亮。诸葛亮这边,眼见日子一天天过去,从出兵到现在已有半年,他再也等不了了,在多次逼迫司马懿出兵不成之下,诸葛亮竟命使者给司马懿送去了一套女性服饰,以此羞辱司马懿,逼他出战。司马懿手下诸将为此愤怒不已,没有一个不提出出战的请求。

司马懿明白大家都在气头上,这个时候说再多道理都是没有用的,因此他只好上表魏明帝,请求魏明帝指示是否出战。司马懿上表魏明帝不过是为了拖时间,在这段时间里,武将的愤怒基本会平息。另外,魏明帝若指示"坚守",那么也刚好借魏明帝来压压诸将。果然,魏明帝还是不准司马懿出兵,诸将见魏明帝意志如此坚定,也不敢再轻易请战。

后来诸葛亮又遣使求战，然而这次司马懿却不谈军事，反而问使者诸葛亮的睡眠、饮食情况，具体一天吃多少升米（东汉时期的度量衡与现代的度量衡有差异）。使者回说诸葛亮一天的饭量是三四升米。然后司马懿又问政事，使者说诸葛亮连处罚二十军棍以下的小事都要管。经过一番询问，司马懿认为诸葛亮吃得少，工作又繁重，肯定活不久了。

果不其然，诸葛亮因积劳成疾而病倒，病情日益恶化。司马懿得知后，趁诸葛亮病重不能统军之时，率军袭击其后方，大胜。消息传到了成都，刘禅派李福去探望诸葛亮，诸葛亮对李福讲述了自己死后的国家大计，又对各将领交代好后事。过了几天，秋风刚拂向人间，诸葛亮的生命便在这寒意中消逝了。

知识库

李福：字孙德，梓潼涪县（今四川省绵阳市）人。父亲李权是益州豪强，遭益州牧刘焉杀害，刘焉之子刘璋向刘备投降后，李福被任命为书佐，后任成都令。由于才干突出，李福得到后主刘禅和丞相诸葛亮的器重，进入朝廷任尚书仆射，封平阳亭侯。

司马懿韬光养晦待良机

魏景初三年（239年）年初，魏明帝病重，召司马懿进京，在对司马懿进行了一番付托之后，"崩于嘉福殿，时年三十六"。曹芳即位，曹芳是魏明帝的养子。

新皇登基，加封曹爽为侍中，改封武安侯，封邑一万二千户，给了他佩剑穿鞋上殿、入朝不急步而行、朝见皇上赞礼官不直呼其姓名只称官职的极高礼遇。皇帝还让曹爽与司马懿各统精兵三千人，一起执掌朝政。

曹爽与司马懿，一个是亲贵，一个是老臣，两人共同辅政时，也曾有过一段"蜜月期"。但好景不长，曹爽想让尚书奏事先通过自己，以便专权。曹爽想的方式很简单：给司马懿升官。

曹爽向天子进言，提出让司马懿担任大司马，这个职位是"三公"之一，位高权重。这时有人提出，以前有很多人当大司马，当了没几天就死在任上了，这个官衔不吉利，可以让司马懿当"太傅"。太傅是个闲散高官，推司马懿为太傅，表面上是提高了司马懿的官位，实际上是夺了司马懿的权。

魏正始五年（244年），邓飏和李胜为了帮助曹爽建立军功，向

天子建议征伐汉国。曹爽遂任命夏侯玄为征西将军,假节都督雍、凉州诸军事,令其率领六七万大军从骆谷入蜀地。此次战争的形势不利于曹魏,曹爽最终大败而归。

大败而归的曹爽不思反省,依旧寻欢作乐,为所欲为。郭太后对曹爽不满,为避免郭太后干政,他将郭太后迁至永宁宫幽禁了起来。一时曹爽兄弟把持朝政,几人不仅掌管禁兵,还在宫中安插了许多亲信党羽,多次修改朝廷制度。司马懿渐渐被架空,便称病回避曹爽,韬光养晦,等待良机。

曹爽及其同党担心司马懿是装病，于是李胜借出任荆州刺史之机，前去探听司马懿病情，司马懿假装病重，得让两个侍婢扶着自己才能勉强起来。要拿衣服时，他就装作没有力气，拿不稳，把衣服掉在地上。他还指着嘴说渴，侍婢喂他喝粥，他张口去接，弄得衣服上一片汤渍。司马懿故意装作耳聋，听不清楚地名，把李胜要赴任的荆州说成并州，还将自己的两个儿子托付给他。

司马懿的装病是成功的。李胜回来对曹爽描述了一番司马懿的病情，说："太傅患不可复济，令人怆然。"

曹爽听了李胜的话，大喜过望，说："此老若死，吾无忧矣。"进而完全放松了对司马懿的防备。而司马懿这边却阴养死士，伺机发动政变。

知识库

郭太后：西平郡西都县（今青海省西宁市）人，出身于凉州豪族，后来西平发生叛乱，魏文帝曹丕平定叛乱后，将郭氏收入宫中。曹叡即位后，封郭氏为夫人，在去世之前，立她为皇后。曹芳被废后，郭氏历任曹髦、曹奂两朝皇太后。

曹爽一党就这么完了

魏嘉平元年（249年）正月，魏帝曹芳离开洛阳去高平陵祭奠魏明帝，大将军曹爽、中领军曹羲、武卫将军曹训等同行。城中兵力顿时空了一半。

桓范曾对曹爽说："你们兄弟几个总理万机，掌管城内禁兵，不宜同时出城，如果有人关闭城门，又有谁在城内接应我们呢？"桓范极具忧患意识，但是曹爽的心中早已没有对手，也就不会这么想，只负气而霸道地说出一句："谁敢这样做！"

司马懿由于此前装病装得很成功，蒙蔽了曹氏集团众人的眼睛，自然也就没有人要求他一起去扫墓。司马懿乘机上奏郭太后，请废曹爽兄弟。

当时，司马师为中护军，率兵屯司马门，控制京都，司马师暗中还培养了三千死士，加上禁军士兵的战斗力也比较强，这些人马加在一起实力很可观。司马懿自己则召集在京城之高官，向他们宣布曹爽有篡夺帝位的计划，称已奉皇太后之令罢去曹爽官职。这些大官平时也没得到过曹爽什么好处，面对德高望重、颇具实力的司马懿，纷纷表示愿意效忠，于是司马懿令高柔假节钺，行大将军事，

对他说："君为周勃矣。"

汉朝开国皇帝刘邦死后，吕后重用吕家人，开启了汉代外戚专权的先河。吕后死后，吕氏家族继续把持朝政，危害刘氏江山。太尉周勃与丞相陈平用计夺取吕氏军权，最后族灭吕氏，拥立刘邦第四子代王刘恒为帝，也就是汉文帝。高柔在司马懿从曹爽手中夺权一事中，发挥的作用，正如汉初时的周勃。所以司马懿才说了"君为周勃矣"这句话。

司马懿控制洛阳城后，发出了经皇太后批准的奏章，令快马送至高平陵，历数曹爽的罪状。当送诏特使把司马懿的奏章送上来时，曹爽着实吃了一惊。慌了阵脚的曹爽扣住奏章，对皇帝封锁消息，把曹芳留在伊水之南，之后命人砍伐树木建成鹿角，征发屯兵数千人以自守。

桓范此时劝曹爽挟持皇帝到许昌去，发文书征调天下兵马勤王。这是一个好建议，但曹爽优柔寡断，没有听从，反而夜遣侍中许允、尚书陈泰去见司马懿，探听动静。

司马懿趁机以洛水为誓，说朝廷只是免去了曹爽的官职，只要

曹爽交出兵权就可以保留其财产和爵位。曹爽听闻心中窃喜。桓范劝他不要轻信司马懿的允诺，曹爽却说："司马懿不过是想要夺掉我们兄弟的兵权。我们能够以侯爵的身份回家养老，做一个富家翁也不错。"桓范气愤难当，哭着说："曹子丹是何等人物，竟生出你们兄弟二人，像猪和牛一样蠢笨，他怎么会想到现在因为你们，家族就要被灭了！"

曹爽交出印绶后，吃着司马懿送来的食物，庆幸自己可以免除一死。此时，司马懿积极活动，制造曹爽党族的罪证。其后，司马懿以谋反的罪名，杀曹爽及其党羽何晏、丁谧、邓扬、毕轨、李胜、桓范等人，并灭三族。至此，曹魏的军政大权完全落入司马懿的手中，为司马氏取代曹魏奠定了基础。此次政变被称为"高平陵事变"。

魏嘉平三年（251年）八月，司马懿走完了他七十三年的人生旅程。当年九月，他被葬于河阴首阳山。等到他的孙子晋武帝司马炎受禅登基，建立晋朝后，给司马懿上尊号为宣皇帝，庙号高祖。

知识库

高柔：字文惠。陈留圉县（今河南省开封市杞县南）人。三国时期曹魏大臣。从小吏任起，七十二岁时出任司空，在高平陵事变时支持司马懿。数年后荣升太尉，晋爵安国侯。高柔仕于曹操及曹氏五位皇帝，见证了曹魏政权的兴衰。

诸葛恪达到事业高峰

吴太元元年（251年）十一月，孙权大赦天下，并去南郊祭祀天地，回宫以后，即得风疾。第二年，孙权病重，临危之时，孙权挑选了五位托孤大臣：太子太傅诸葛恪、太子少傅孙弘、太常滕胤、将军吕据、侍中孙峻。

吴神凤元年（252年），诸葛恪率众在东兴会师，于濡须山和七宝山之间，修筑了两座城池，每个城池设有千人的守军，并派全端、留略统兵驻守。

东吴的举动引起了魏国上下的重视，魏镇东将军诸葛诞就此事上书大将军司马师，建议在西部出兵以牵制吴军在西方的军队，同时，派将领以精锐之军，从东路进攻东

兴的两座城池，东西夹击，必将大胜。

接着，魏国征南大将军王昶、征东将军胡遵、镇南将军毌丘俭纷纷上表魏帝，请求率兵攻打东吴，并且各自提出了不同的出兵方案。魏帝曹芳一时没了主意，就向尚书傅嘏征求意见。傅嘏认为此时不是伐吴的时机，并建议，只有在边疆驻军屯田，才是较为完善的策略。如果这一策略能顺利实施，三年左右就能具备一举拿下东吴的实力。然而，司马师没有采纳傅嘏的建议，仍然决定出兵攻吴。

魏嘉平四年（252年），魏国出兵十五万，分兵三路，试图东西夹击，使东吴两面受敌，从而重创东吴。东吴方面，诸葛恪领兵四万，"晨夜赴救"。魏国大军在东兴修建浮桥，"陈于堤上，分兵攻两城"。因两城城墙高峻，魏军未能攻下。诸葛恪派遣将军留赞、吕据、唐咨、丁奉为前锋，进攻魏军，走山路小道星夜行军，后因为山路狭窄，丁奉率先领兵改走水路，逆风而行，用了两天才到达东兴堤东南的东关，屯兵于徐塘。

时值冬天，天气极寒，又降大雪。魏国诸将领聚众喝酒取暖，"解置铠甲，不持矛戟"，毫无戒备，吴将丁奉发现魏军前部兵少，便命令吴国士卒脱去铠甲，手执刀、盾，冒着风雪爬上大堤。

吴军登上堤岸后，奋力杀向魏军，此时吴将吕据等也率兵赶到。魏军惊慌逃散，争着抢渡浮桥，桥坏绳断，魏军纷纷跌入水中，又自相践踏，乐安太守恒嘉等人也因此掉在水中，淹死和互相践踏而死者达数万人。魏军前部督韩琮、太守桓嘉等均战死，魏军被歼数万人。吴军缴获魏军车辆、牛马、驴骡等数以千计，物资军器堆积

如山，吴军整顿队伍后凯旋。在西部担任进攻江陵和武昌任务的魏将王昶、毌丘俭听到东部战线作战失败，立即烧营退军。

诸葛恪位极人臣不过数月的时间，就取得了如此大胜，一时声威大震，春风得意。他也因功晋封为阳都侯，加封荆州牧、扬州牧，统领宫城内外宿卫军队以及京城内的精锐部队，此外，朝廷还赏赐他黄金一百斤，马两百匹，丝棉和布各一万匹，他的声望迅速达到了最高峰。然而也正是这场胜利让他过于自信，让他刚愎自用，最终走向了失败。

知识库

丁奉：字承渊，庐江安丰（今安徽省六安市霍邱县）人。三国时期吴国名将。丁奉一生侍奉了孙权、孙亮、孙休、孙皓四位吴国君主，见证了东吴的兴衰存亡。

司马昭的那点小心思

司马氏经过高平陵事变掌握了魏国的政权,到司马懿的儿子司马昭时,曹姓皇帝已名存实亡。不过,司马昭即使掌握了实权,朝廷上下对司马氏不满的曹魏旧臣还是大有人在,因此司马昭的专权地位并不牢固。他急于寻找一个可以让他名正言顺代替曹奂,坐上皇帝宝座的机会。

司马昭思前想后,认为再没有什么事情比统一大业更能提高自己的威望、更有利于自己做皇帝了,而且统一天下的时机也已成熟。他决定先取下蜀汉,然后水陆并进灭东吴。

魏景元四年(263年),司马昭分兵三路:镇西将军钟会率兵十二万自长安出发,攻取汉中;征西将军邓艾率兵三万余,自狄道进攻沓中;雍州刺史诸葛绪率兵三万余,由祁山进驻武街,据守阴平桥头,以牵制姜维。

阴平桥是姜维通往蜀汉的必经之路,阴平桥下是万丈深谷,桥头是险关要隘,险要的程度可与四川的剑门关相提并论,占领阴平桥头就断绝了姜维的后路。当时蜀汉主力都跟随姜维留在沓中,汉中兵力不足,以邓艾和诸葛绪领军阻挠姜维回军,再集中优势兵力攻打汉中,那么就可以在最短的时间里攻下汉中,直取剑阁、成都。

魏国大军压境，后主刘禅匆匆布防，派左车骑将军张翼、辅国大将军董厥守阳安关口，又派遣右车骑将军廖化前往沓中支援姜维。同时刘禅大赦天下，改元炎兴，以求躲过这次灾难。

廖化在驰援姜维的途中，得知魏将诸葛绪已经到达建威，准备夺取阴平，于是按兵不动，等待时机。邓艾调兵遣将，命天水太守王欣等直接攻打姜维军营，让陇西太守牵弘拦截姜维军的前部，派金城太守杨欣到甘松一带埋伏，待姜维军到达时进行伏击。

邓艾计划周密，姜维被围得水泄不通，经过殊死战斗，终于突出重围，然兵力损失惨重，姜维只得命令军队撤退。败退途中得到钟会大军已到汉中的消息，姜维不敢耽误，急速进军汉中。当到达强川口时，天水太守王欣追上姜维，对姜维发动了突然袭击。姜维被迫沿羌水南撤。途中接到消息说魏将诸葛绪已经抢占阴平桥头，于是停止南撤，率军北进。把守阴平桥头的诸葛绪得知姜维北进，害怕自己的后路被切断，于是退兵三十里，以防不测。

此刻蜀汉形势已岌岌可危，钟会大军已逼进汉中，剑阁告急，姜维不得不放弃既定战略，率兵撤退到白水，与张翼、廖化的军队会合，打算一同前往剑阁救援，以拒钟会大军。这时诸葛绪得知中计，便率兵追赶姜维，但姜维军早已从阴平桥头通过，得以回兵剑阁，在此抵抗钟会大军。最终钟会军无法深入汉境，可见姜维用兵之神。

知识库

沓中：古代地名，在今甘肃省舟曲县一带，是一个处于岷山、迭山环抱中的小型盆地。三国时期蜀汉名将姜维曾在这里屯兵。蜀汉名将赵云次子赵广战死于此地。

刘氏的基业崩盘了

钟会率军攻打剑阁,姜维在此利用地利坚守不出。钟会屡攻不下,加上魏军粮草不继,军心开始动摇,但剑阁又是通往成都的主要通道,不能放弃。就在这个关键时刻,邓艾想出了一条妙计。

邓艾想联合诸葛绪实施此计,避剑阁,直取成都。但诸葛绪却以自己只受命占领阴平桥头,不能自作主张进兵剑阁,拒绝了邓艾联军的想法,之后诸葛绪与钟会军会合。钟会早有谋反之心,他为扩大军权,告发了诸葛绪,称他畏缩不前。最后诸葛绪被调回朝中治罪,他的部将也统统归了钟会。

阴平,历来是去陇蜀的必经之路。阴平道有三条:第一条是从沓中出发经洮河、白龙江到阴平桥头后进入四川,史称沓中阴平道;第二条是从狄道出发经露骨山、岷江到阴平,史称阴平正道;第三条由天水等地进入前两条路。

这三条路都经过阴平,所以人们合称这三条路为阴平道。正因为阴平道特殊的战略位置,所以阴平历来是兵家必争之地。

邓艾之计便是巧渡阴平,直取成都。

魏景元四年(263年)十一月,邓艾率军三万从阴平道,披荆斩棘，行军三百多公里，到达江油。

邓艾命护军田续攻打江油，但田续畏惧不进。邓艾非常生气，按军法应该斩了田续，但最后邓艾只是惩罚了田续，并没有杀他。

田续畏惧不前，魏将杨欣不得不带领杂牌军队进攻江油，就在这时，江油守将马邈主动投降了。魏军不战而拿下江油城，邓艾乘胜率军进攻涪城。成都方面得知消息后，立即命令行都护卫将军、诸葛亮之子诸葛瞻率军前去拒敌。

诸葛瞻率领的大军到达涪城之后却按兵不动，他这一行为直接将涪城拱手送给了邓艾。随后，诸葛瞻退守绵竹，但退守绵竹后，诸葛瞻就后悔不已。他决定背水一战，奋力一击，于是于绵竹列阵。此刻魏军不足两万，邓艾想诱降诸葛瞻，便派使者送信给他。诸葛瞻深知自己犯下了不可弥补的错误，如若投降，便毁了父亲诸葛亮的一世英名，于是斩杀了邓艾派来的使者。

邓艾劝降不成，只得一战。汉军怀着必死之心，击退了魏军的进攻。没多久双方又在绵竹城下展开血战。这次魏军大胜，诸葛瞻和黄崇、尚书张遵、羽林右部督李球全部阵亡。诸葛瞻之子诸葛尚不想苟活，于是快马冲入敌阵战死。

夺取绵竹后，邓艾一鼓作气攻陷雒县，逼近成都。

姜维的军队还留在剑阁，突然获悉绵竹失守，接着又听说后主刘禅正固守成都，但也有人说后主投奔东吴去了，还有人说后主已经南下，搞得姜维一头雾水。姜维害怕两头受袭，于是决定撤到巴西境，在途中接到投降的诏书。姜维只好奉诏投降。邓艾率军进入成都，蜀汉就此灭亡。

知识库

江油：今四川省辖县级市。江油之名，来自刘备于东汉建安二十四年（219年）设置的"江由戍"。根据明朝学者曹学佺的解释，"江由"之意为"江水所由矣"。因"由"与"油"相通，后世便将"江由"写作"江油"。

司马炎坐上皇帝宝座

魏咸熙二年（265年），司马昭病死，司马炎继承了父亲的晋王之位。司马炎很想做皇帝，他曾派人劝说魏帝曹奂，让他早点禅位。曹奂不久下诏书说："晋王，你家世世代代常伴天子左右，尽心尽力，对国家的贡献数你家最大。现在我顺应天意把皇位给你，你一定要接受。"司马炎假意推辞。何曾、贾充等人屡次劝说司马炎，让其接受曹奂的禅位。于是司马炎称帝，定国号为晋，改咸熙二年为泰始元年，建都洛阳，史称西晋，封曹奂为陈留王。

司马炎虽坐上了皇帝的宝座，但他并没有放松警惕，因为他明白现在仍是危机四伏。

从内部看，在曹氏家族与司马氏家族争夺权力的过程中，曹氏家族遭到了司马氏家族的残酷屠杀，司马氏的残忍，让大臣们心有余悸。另外，司马氏毕竟是篡夺了曹氏政权，名义不正当。司马氏还是有所顾忌的，这成为司马炎长期横亘在心中的阴影。

从外部看，刘汉已灭，孙吴尚在，虽不足以与晋抗衡，灭亡是早晚的事。但卧榻之侧，岂容他人安睡？东吴一天不灭亡，司马炎就一天不得安心。司马炎下一步计划就是吞并东吴，完成统一大业。灭吴之前必须要巩固政权，因此司马炎实施了一系列措施，与此同时，对东吴采取怀柔政策。

司马炎为了稳固政权，首先安抚曹氏和投降的蜀汉旧臣。司马炎下诏让陈留王曹奂保留天子的礼仪制度，上书不称臣。后来曹奂死后，司马炎追尊他为元皇帝。司马炎赐刘禅子弟其中一人为驸马都尉，第二年又解除了对汉室的禁锢。这些收买人心的措施，不仅解除了内患，也消除了司马家族的心理阴影。

农业是国家的根本，农业兴则百姓安。晋泰始二年（266年），司马炎颁布诏令，鼓励农业生产。司马炎还下令兴修水利，修建了新渠、富寿、游陂三渠，灌溉良田一千五百顷。司马炎废除了屯田制，实行占田法和课田法，减轻了农民的负担，极大地提高了农民的生产积极性。

上述措施的推行，使经济复苏，生产恢复，人民安居乐业。据《晋书·食货志》记载："是时，天下无事，赋税平均，人咸安其业而乐其事。"《晋纪·总论》称，牛马在野外随便放牧，也不用担心被人牵走，人们居住的地方，大门常常开着。在路上相遇的人们，彼此就像亲人一样和谐。如果你没吃的了，随时会有人救济你。当时甚至有"天下无穷人"的谚语。

知识库

贾充：字公闾，平阳襄陵（今山西省临汾市襄汾县）人，魏晋时期大臣，曹魏豫州刺史贾逵之子。西晋开国元勋，深得司马氏信任。其女儿贾褒和贾南风分别嫁给了司马炎的弟弟司马攸及次子司马衷，地位显赫。

三国鼎立的局面结束

东吴沿江建国，以水军最为强大，有舟船五千余艘。西晋灭汉国之后，占据了上游地区，只要有了水军，顺江之下，便可取下东吴。此时西晋只拥有一支五十万人的陆军，面对长江天险，虽"武骑千群，无所用之"。

晋泰始八年（272年），王濬受命建造战船，训练水军，治水军数万人，为之后晋军"水陆并进"灭吴创造了条件。晋咸宁二年（276年），晋灭吴的准备工作已基本完成。征南大将军羊祜提出伐吴计划，具体方案是：多方牵制徐州、扬州的兵力，然后集中水陆兵力夺取夏口以西地区，进而顺流而下，攻陷建业。这个计划可以发挥晋军水军的优势，并利用水系特征，直捣吴军后方，达到速战速决的目的。

当时恰逢北方鲜卑族首领起兵反晋，后方不稳，加之太尉贾充等人的反对，伐吴计划未被采纳。晋咸宁四年（278年）十一月，羊祜去世，他临死之前推荐杜预接替自己，任征南大将军、都督荆州诸军事。晋武帝听从了他的意见，之后命杜预南下积极备战。

晋咸宁五年（279年）十一月，按照羊祜生前的谋略，晋军兵分六路,水陆并进,大举攻吴。杜预担任西线指挥,并负责调遣益州刺史王濬的水师。

晋军采取了分兵击之、各个击破的策略,这样的部署是正确的。东吴虽然弱小但仍有二十万兵力,不可轻敌,但是吴国却将这二十万兵力分散布防于沿江和江南各地,这给了晋军可乘之机。

晋太康元年(280年)正月,将军王浑率十多万大军进军横江,派参军陈慎、都尉张乔攻击寻阳,又派李纯率军进攻吴将俞恭,李纯大败俞恭,占领高望城,准备渡江。与此同时,参军陈慎攻取了阳濑乡,大败吴将孔忠。吴将陈代、朱明等主动率兵投降晋军。

二月,吴王孙皓命丞相张悌率兵三万迎击王浑军,以阻止晋军渡江。张悌率军渡江,被张乔军包围,不过张乔兵少将寡,不是张

悌的对手，于是请降。副军师诸葛靓认为这是张乔的缓兵之计，建议迅速将其歼灭。张悌却认为这种小战能免则免，于是接受了张乔的投降，率兵继续前进，随即遇到了王浑的主力部队。两军对峙，大战即将开始。

吴将沈莹率领五千精兵首先发动攻击，但是连续几次都没能成功，沈莹不得不退兵。晋军乘吴军撤退之时，命将军薛胜、蒋班乘胜追击，吴军大败。此时，伪降的张乔军又从背后杀来，里应外合，将吴军杀了个大败。诸葛靓见大势已去，收拾残兵败将逃回江南去了。张悌与沈莹、孙震力战而死，晋军继续前进，准备渡江。

晋国各路大军已逼近建业，吴国司徒何值、建威将军孙宴等见大势已去，不想再战，干脆交出印信符节，前去投降。吴王孙皓见自己内部已分崩离析，便采用薛莹、胡冲等人的计策，分别请降于王浑、王浚、司马伷，企图挑唆三人互相争功，引起晋军自相残杀，但是计划没有成功。

至此，东吴宣告灭亡，三国鼎立的局面就此结束。

知识库

杜预：字元凯，京兆杜陵（今陕西省西安市）人，魏晋时期著名的军事家、经学家，曹魏散骑常侍杜恕之子。去世后，追赠征南大将军、开府仪同三司，谥号为成。杜预是明朝之前唯一一个同时进入文庙和武庙之人。

司马衷太子之位稳如泰山

晋泰始三年（267年），司马衷被立为皇太子，时年九岁。对于一个九岁的孩子而言，此时他天资中的愚钝未能完全暴露。在司马衷即位之前的二十三年太子生涯中，他的地位屡次受到威胁，他之所以能顺利登基，主要归功于三个人。

第一位是他的母亲杨皇后。司马衷的弟弟司马柬虽然聪明又有胆识，但杨皇后还是更喜欢司马衷一些。

司马衷渐渐长大，父亲司马炎开始流露出对这个儿子的不满。一天，他表示为了天下苍生想换掉太子，杨皇后出面反对说："立嫡以长不以贤，岂可动乎？"

司马炎哑口无言，如果他自己不是嫡长子，恐怕也登不上皇帝的宝座，更何况他还是个"妻管严"。

第二位是司马衷的叔叔司马攸。司马攸对司马衷的太子宝座并没有什么实际贡献，只不过他犯了一点错误，恰好帮助了这个侄儿。他犯了什么错呢？错误只有一个，就是他太优秀了。

所谓"木秀于林风必摧之"，司马攸一辈子就栽在这个事情上。

司马昭在确定接班人前曾经有过一段迷茫期，据说他临死之前

极担心两个儿子因为争位而反目为仇,就拉着两个儿子的手,嘱托作为兄长的司马炎照顾好他最爱的小儿子司马攸。四年后,两兄弟的母亲王太后死前,也是念念不忘这个得宠的小儿子,对司马炎自然又是一顿苦口婆心的劝说。

  受到父母的偏爱也就算了,朝中大臣对这个曾经差点成为主子的司马攸也一直念念不忘,加之晋武帝司马炎的儿子们也都不成气候,司马炎曾试探性地问大臣张华:"谁可托寄后事?"张华回答:"明德至亲,莫如齐王攸。"当时朝中重臣王浑、羊琇、王济、甄德,以及司马家族的重量级人物,都很看好齐王司马攸。

一位太过优秀的弟弟，夺走了父母对自己的宠爱，差点夺走了自己的世子之位，还赢得了朝中大臣的好感，现在又要来夺自己儿子的皇帝宝座。不管司马攸是有心还是无心，对于晋武帝而言，这实在是不能容忍。就这样，因为司马攸过于优秀，当哥哥的司马炎还是执意传位给自己的儿子，尽管那个儿子让他不太满意。

于是，就有了司马衷要感谢的第三个人，这个人不是别人，正是他的儿子司马遹。

史书上记载说，晋武帝司马炎虽然怀疑太子难当皇帝大任，但是皇孙司马遹天资聪颖，于是便打消了另立继承人的念头，司马衷的太子地位就这样保住了。

令人遗憾的是，登基后的司马衷，没有迎来太平盛世，在经历了各种政治斗争后，最终在"八王之乱"中被东海王司马越毒死。

知识库

张华：字茂先，范阳郡方城县（今河北省廊坊市固安县）人，西汉留侯张良的十六世孙。张华工于诗赋，又喜爱藏书，编纂有中国第一部博物学著作《博物志》。晋永康元年（300年），赵王司马伦发动政变，张华惨遭杀害。

杨骏是匹脱缰的野马

西晋权臣杨骏能跻身权力核心，离不开他的女儿杨芷杨皇后的帮助，而杨芷能当上皇后，是因为堂姐杨艳杨皇后在死前向晋武帝司马炎推荐了她。在女儿杨芷被立为皇后四个月之后，杨骏被加封为临晋侯。

杨骏的出身虽然不错，能力却有限，尚书郭奕等人对晋武帝这样的安排都表示反对，认为杨骏不可委以社稷之重，但是晋武帝坚持自己的做法。

杨骏因为女儿得以升官，仗着自己的国丈身份，越来越骄傲自满。跟杨骏相比，杨家另外两个兄弟就要理智得多。杨济官至太子太傅，是太子的老师。杨珧曾经做过尚书令、卫将军。与杨骏"素无美望"不同，杨珧是"素负众望"，他是因为才华出众才被晋武帝司马炎看中的。

杨珧对外戚掌权的危害有着清醒的认识，几次上表请求罢免自己的职位，降低杨家在朝中的地位，但司马炎不同意。后来是赵休给司马炎讲了王莽篡汉的故事，可能司马炎听了也有点担忧，才同意了杨珧的辞职请求。

晋太熙元年（290年），五十五岁的司马炎病情严重，没有指定辅政大臣，杨骏趁机在朝堂上安插自己的势力。司马炎虽然病重，但还是觉察到了杨骏的意图，于是下旨让汝南王司马亮跟杨骏一同辅佐新主，希望借由汝南王的力量牵制杨骏，也希望二人能相互牵制，不至于出现权臣掌权的局面。

司马亮是司马炎的叔叔。诏书刚刚写好，还没有来得及宣布，司马炎就病危了。杨骏得知司马炎的计划，深知自己的根基不如司马亮牢靠，就耍了一点小手段。

他跟掌管诏书的中书监华廙借阅圣旨，华廙惧怕杨骏的势力，不得已只好把诏书借给杨骏。杨骏将诏书藏了起来，又让华廙编造了一份新的诏书，借机给自己大肆封官。根据这份诏书，杨骏可以"持兵仗出入"。

司马炎一死，杨骏便成了掌权的人。司马亮虽然知道这背后是杨骏在搞鬼，但是他胆子小，不敢反抗。皇帝死后大臣要去哭灵，司马亮却连皇宫大门都不敢进，借口自己生病。等到司马炎出殡那天，所有人都前去送行，杨骏就一直待在太极殿，还配备了上百人的护卫队伍。

丧事办得差不多了，杨骏准备对司马亮下手了。司马亮就向何勖（xù）讨教，何勖劝司马亮先发制人，建议司马亮召集自己的力量，领兵入宫，废掉杨骏的权力，先一步把杨骏干掉。但是司马亮一听，觉得何勖简直是在开玩笑，别说领兵进宫，他连洛阳都不敢继续待了，当天夜里就逃往了许昌。

司马亮逃走了，洛阳城变成了杨骏的地盘，他让自己的外甥段广、张劭在晋惠帝司马衷身边当近臣，以便掌握新皇帝的一举一动。司马衷虽然名义上是皇帝，却事事都做不了主，处处被杨骏牵制。杨济、杨珧觉得哥哥是在为杨家掘坟墓，数次劝谏杨骏不要专权，杨骏不听，还觉得杨济他们是别有用心，慢慢地疏远了自己的两个弟弟。

杨骏就像一匹无人能控制的脱缰野马，但他却忘记了一个人。这个人最终从肉体上消灭了这匹野马。贾南风，正是杀死杨骏的幕后黑手。

知识库

华廙：字长骏，平原高唐（今山东省禹城市）人。西晋大臣，曹魏太尉华歆之孙。华廙气量宏大，思维敏捷，有才有义。晋武帝时期官至中书监。晋惠帝即位后，给华廙加封，将他晋为公爵，开府仪同三司。

秋后的蚂蚱司马伦

晋宣帝司马懿第九子司马伦天资平平，常需要手下孙秀为自己出谋划策。孙秀长期跟随司马伦，喜欢溜须拍马，又好记仇，谁要是得罪了他，一定没有好下场。一个王爷跟一个小人上了台，考虑的自然不会是什么天下苍生，两个人一心谋划的，是废掉皇帝司马衷。

篡位这么重大的事情，总得借助"上天"的暗示。孙秀就让牙门赵奉装作被司马懿附体的样子，劝司马伦早点进宫当皇帝；又说只要把司马衷弄到北边的芒山上，司马伦的心愿就一定能达成。于是孙秀跟司马伦一合计，为晋惠帝司马衷挑选了一块坟地，这块坟地正好就在芒山上。

之后，孙秀让太子詹事裴劭、左军将军卞粹带着二十多个从事中郎，又招募了二十个手下，把这四十号人安排在各个部门。之后让散骑常侍、义阳王司马威暂时代理负责宣旨的侍中一职，伪造了一份司马衷禅位的诏书，然后命使持节、尚书令满奋，仆射崔随拿着皇帝的印玺去找司马伦。等宣读完诏书，把印玺往司马伦面前一放，孙秀就请司马伦当皇帝。

司马伦坐上了皇帝的宝座。司马衷自然是按照惯例,带着自己的人灰溜溜住到金墉城去,实际上是被孙秀幽禁了。

司马伦进宫后举行登基大典,宣布大赦天下,改元建始。

接下来是论功行赏,因为封赏的人太多,用来给官帽做装饰的貂尾都不够了,只得用狗尾冒充。人们据此作谚语:"貂不足,狗尾续",用来讽刺朝廷。

司马伦还搬出整个国库来犒劳大臣,需要的金印、银印过多,

工匠都来不及准备，只好拿什么都没来得及刻的印凑数。这一幕幕搞笑的戏码天天上演，老百姓心里有数，司马伦是秋后的蚂蚱，蹦跶不了几天了，而有识之士都以当司马伦朝廷的官为耻。

做了皇帝的司马伦去太庙祭祀，在回宫的路上，突然刮起大风，风力强劲，甚至把麾盖都折断了。

孙秀亲手将司马伦扶上了皇帝的宝座，司马伦对他感恩戴德，就把司马昭之前的府邸赐给孙秀居住。

孙秀在家里组建了一个"小朝廷"，朝中大小事情，都在孙家决定，即便是司马伦下达的旨意，孙秀看不顺眼的，居然也能驳回。他自己发明了一种用青色的纸写的诏书，跟皇帝的诏书一起通用全国。

孙秀处理事情完全凭个人喜恶，任用官吏也往往是一时兴起，人们都说官吏的流动像流水一样快，晋朝的政府机构濒临瘫痪了。

> **知识库**
>
> 满奋：字武秋，山阳昌邑（今山东省菏泽市巨野县）人。曹魏太尉满宠之孙。以门荫入仕，元康年间，拜尚书令，因助赵王司马伦篡位有功，升为司隶校尉。后来不满上官巳在洛阳为非作歹，联合河南尹周馥谋划刺杀，事泄被害。

司马氏内部闹翻了天

司马伦当皇帝，司马家的其他王爷坐不住了。

第一个站出来的人是齐王司马冏。

司马冏是司马攸的儿子，跟着司马伦参与了废黜皇后贾南风的政变。事成之后，司马冏只得到了一个游击将军的头衔。

司马冏是西晋齐王，很有实力。孙秀知道这个人不能重用，就找了个由头把司马冏调到了地方上去。孙秀还不放心，就布置眼线，派亲信故吏去给司马冏当参谋。这样的待遇不仅司马冏享受到了，同他一样有点威信的王爷都被"潜伏"了。

司马伦派张乌去司马冏那里转了一圈，张乌回来汇报说齐王没什么异常举动。司马伦一听，就放松了警惕。时机一到，齐王司马冏起兵讨伐司马伦，还给成都王司马颖、长沙王司马乂、河间王司马颙写信，号召大家把剑一同指向司马伦；同时又发表檄文，昭告全国。

长沙王司马乂是晋武帝司马炎的第六个儿子。他接到齐王司马冏的信，立即起兵响应，一路过关斩将，朝着洛阳进军。

成都王司马颖，是司马炎的第十六个儿子。司马伦篡位以后，给司马颖升了官,还加了开府仪同三司的头衔。但是当齐王司马冏的信一到,他立马成了齐王的支持者。在进军的路上,司马颖也发布了自己的檄文,号召大家起来反对司马伦,就这样,司马颖不断壮大力量。当他来到离洛阳不远的安阳的时候,已经有二十万人马了。

河间王司马颙是司马懿的弟弟司马孚的孙子,按辈分是司马炎的堂兄弟。他年少的时候名声还不错,颇有一番以后大有作为的模样。

当时给司马颙写信请他起兵的还有安西将军夏侯奭(shì)。夏侯奭手下有几千人的部队,但这几千人的力量毕竟有限,也拿不出手,他就给司马颙写信,希望得到司马颙的支持。

跟前面两位王爷的积极响应不同,司马颙另有打算。司马颙派人把夏侯奭及其心腹党羽十多个人抓了起来,在长安将他们腰斩。齐王司马冏的人来找他,他不仅把使者抓起来,还把人送到司马伦那里去,俨然是司马伦的支持者。

押送齐王使者的队伍出发后,司马颙派人打听谁的力量比较强,几番打听下来,司马颙觉得司马伦可能不是司马冏的对手,于是赶紧派人把押送使者的队伍追了回来,然后竖起大旗,成了司马冏的支持者。

齐王司马冏跟另外三王的队伍浩浩荡荡开赴洛阳,司马伦跟孙秀惊恐万分,抓紧一切时间进行军事部署。司马伦跟孙秀觉得人的力量有限,就派人不分白天黑夜地在司马懿的牌位前祈祷。

在战争初期，人数少的司马伦一方反而让司马冏一下子损失了八千人以及一半的粮草。

司马冏下令让部队抢渡颍水，被征虏将军张泓打了回来，到了夜晚，司马冏想趁着夜黑风高，再次展开进攻。张泓的军队临颍水列兵，司马冏派出小股人马妄图渗透到张泓军中，用轻兵一举拿下张泓，没想到张泓坚守不动。

司马颖一看司马冏屡屡失利，不想跟着他打了。这时参军卢志站出来反对，他觉得敌人接连胜利，肯定已被胜利冲昏了头脑，应该用突袭的方法给司马伦一记重拳。司马颖听从了卢志的建议，在军中挑选一批身手好的组成突击队，扭转了战局。

知识库

卢志：字子道，范阳涿县（今河北省涿州市）人，成都王司马颖心腹谋士。出身于范阳卢氏，东汉北中郎将卢植曾孙。永嘉之乱爆发后，卢志与家人投奔并州刺史刘琨，半路被抓，次年，卢志和家人被杀。

刘渊蛟龙入水做大事

刘渊是匈奴人,他是汉初匈奴首领冒顿单于的后代,他的家族迁徙中原始于其祖父于扶罗。匈奴内乱,于扶罗遭排挤,恰逢汉室遭遇黄巾起义,于扶罗便率众助汉廷镇压黄巾军,依附东汉王朝,自此留居中原,并自立为单于。

依附于东汉王朝的于扶罗并不安分,他瞅准董卓之乱这一良机,侵占了太原、河东、河内等郡,成为一股不容小觑的势力。

于扶罗死后,其弟呼厨泉继任单于,刘渊的父亲刘豹任职左贤王。正当呼厨泉的部众如日中天的时候,曹操掌握了汉廷实权,他担心呼厨泉日后成为大患,便将呼厨泉的部众分成左、右、南、北、中五部,刘豹任左部帅,率军万余。

呼厨泉总共有士卒三万余,刘豹所领的左部是其中最大的一支,可谓掌握了部族实权。刘渊这时以质子身份留居洛阳。刘豹死后,刘渊继承了左部帅的职务,兵权在握,其野心便一发不可收拾。

西晋太康十年(289年),晋武帝司马炎任命刘渊为北部都尉。至晋惠帝登基后,杨骏辅政,刘渊被任命为五部大都督,号建威将军。此时的刘渊轻财好施,喜欢结交名士,四方之士常有人不远千里来投奔他。一时之间，刘渊名气大震。

"八王之乱"引发的动荡席卷了中原，有不少汉人为了避乱纷纷南迁。匈奴贵族们认为"兴邦复业"的时机已经成熟，准备起兵。起兵之事既定，一个有胆略有雄心的领导者是必不可少的，刘渊脱颖而出，成为众人心中的第一人选。

匈奴贵族刘宣，派呼延攸作为信史赴邺城，与刘渊共谋大事。刘宣不是一位简单的人物，他是刘渊的堂祖父，也曾任北部都尉、左贤王等要职。

然而，愿望是美好的，道路是曲折的，此时的成都王司马颖坐镇邺城，意图将刘渊收为己用，便上书请封刘渊为宁朔将军，监五部军事。刘渊一时被成都王控制，根本无法脱身。

刘渊以奔丧为由请归，司马颖哪里肯放行。刘渊用尽浑身解数，仍不得归，无奈，只得令呼延攸先行离去，以支持司马颖的名义召匈奴五部赴国难。之后刘渊如愿以偿回到了左国城。刘渊此次归来，无异于蛟龙入水，终于不再受人控制。

刘渊归来后，便被冠以大单于的名号，以离石为都，在此招募将士，二十天之间，便已经聚众五万余人。西晋永兴元年（304年）秋，刘渊登上王位，自称汉王，入南郊祭天，迁都左国城。

知识库

左国城：位于今山西方山县峪口镇南村境内，如今只存遗址。春秋战国时为白狄、皋落所居的皋狼邑，汉朝时为皋狼县。东汉永和五年（140年）西河郡治迁离石后，这里建为左国城。曹魏时期，这里是匈奴左部帅驻地。

石勒的逆袭之路

石勒，羯（jié）族人，他的父亲是部族的一位小将领。石勒年少时就才干非凡，不仅勇猛有力，还善骑射。由于家境贫穷，石勒被迫去做佃农，后经历战乱，辗转被卖，又险些被杀。

石勒一路奔波，后来入山东，被卖入山东茌平人师欢家中为奴，石勒在师欢家中踏实能干，师欢见此人不同于常人，便免除了石勒的奴隶身份。

在山东茌平，石勒结识了他生命中至关重要的一个人——汲桑。师欢的家临近牧马场，闲暇之余，石勒常到此游玩，而汲桑是这里的牧民，石勒与汲桑便在此结识。

石勒虽然摆脱了奴隶的身份，但仍然活得提心吊胆的，因为时局混乱，常有乱兵掳掠人口。石勒最大的心愿就是能够安安稳稳地过日子。一天，石勒放下手头工作，大步向牧马场方向走去，造反的决心已经在他头脑中下定。

到了牧马场，石勒进行了一番慷慨激昂的演讲。先是有八个人加入他的阵营，即王阳、夔（kuí）安、支雄、冀保、吴豫、刘膺、桃豹、逯明，后来又有郭敖、刘征、刘宝、张曀仆、呼延莫、郭黑略、张越、孔豚、赵鹿、支屈加入他们的阵营,这十八人,号称十八骑。

这十八个勇士,成为石勒起家的根基。在山东、河北一带,他们劫取不义之财来壮大自己的实力,结交志同道合之士,为队伍的壮大打下了基础。经过一段时间,石勒的队伍达到了数百人,而汲桑也加入了他们的队伍。

俗话说,大树底下好乘凉,如此小的队伍独立发展,终究成不了什么气候,石勒与汲桑商议,找个有前途的将领去投靠,以获得更大的发展空间。恰逢成都王司马颖被打败,他的旧部公师藩颇有实力,便以为司马颖复仇为由起兵。石勒与汲桑见公师藩能成大事,便前去投奔他。

公师藩对石勒非常赏识,令其为前队督,攻打邺城,然而,公师藩在战乱中被杀。石勒、汲桑逃回牧马场,再次召集人马,准备从头再来。

西晋永嘉元年(307年),汲桑、石勒二人一个为大将军,一个为前锋,再次攻打邺城。

此时,朝廷当政者是东海王司马越,镇守邺城的是司马越的弟弟东瀛公司马腾。司马腾在邺城并不得人心,八王之乱以来,邺城千疮百孔,人民饱受战乱之苦,生活悲惨。司马腾却日日笙歌,日子过得极其奢华,人民对他可谓是恨之入骨。

占据邺城以后,汲桑、石勒稍事休息便领兵南下,渡过黄河,浩浩荡荡往兖州方向而去。在行军的过程中,石勒的队伍不断扩大,朝廷为之震动。司马越派出几支军队分兵镇压,由老将苟晞领兵。

苟晞久经沙场，非同小可，此次朝廷能请出他，可见对此次用兵的重视。

经过几个月的对峙，双方大战了多个回合，最终，汲桑、石勒败下阵来，汲桑在作战中不幸战死，石勒率领余部投奔刘渊。

刘渊的汉国刚刚建立，正值笼络人才之时，见石勒来投奔，自是十分欣喜，于是任命石勒为辅汉将军，封他为晋王。

> **知识库**
>
> 苟晞：字道将，河内山阳（今河南省焦作市修武县）人。西晋末年名将，精通兵法，时人将其比作白起、韩信。八王之乱时，先后投靠多王。后为石勒所俘，因图谋反叛石勒，遭射杀。

皇帝成为阶下囚

西晋永嘉四年(310年)十月,刘聪调遣四万大军进攻洛阳,洛阳城内顿时惊慌失措,乱作一团。雪上加霜的是,此时羯族人石勒也趁火打劫,加入攻打洛阳的行列中。

太傅司马越令人征召天下兵马入京,援助洛阳,此令既出,左等右等,却不见一兵一卒前来支援。调兵遣将不得,时任镇东将军、都督扬州的周馥便上书晋怀帝,请迁寿春,晋怀帝应允。但是,司马越坚决不同意迁都避难。因为晋怀帝一旦落入周馥手中,司马越手中的这张王牌就会为他人所用,这是司马越坚决不允许的。

不同意迁都,就要想办法挡住洛阳城外的敌军。一天,司马越一身戎装走上大殿,请求亲自领兵讨伐石勒。

洛阳城内士卒已经不多,城外面还有刘聪的驻军,司马越在这个时候却要领兵外出。如此一来,洛阳城不就成为一座空城了?朝中君臣如何自保?

司马越一意孤行,带走了洛阳城内四万甲兵,可以说这已经是倾其所有了。

洛阳城内,凄凉一片,宫殿内无人驻守,晋怀帝整日担惊受怕,

唯恐刘聪的大军攻入洛阳，便传出密令，要杀司马越，结果不幸走漏了风声。

司马越焦头烂额之时，听闻晋怀帝下密令要杀自己，一时急火攻心，竟然一病而亡。石勒听说这一消息，便率领一支骑兵发起攻击，乱箭射下，晋军哪里还有反击的余地。

司马越出征之前，曾委任何伦掌管洛阳事务。何伦见晋军失利，恐自身遭遇不测，便举家逃离京城，京城许多达官贵人见此，也纷纷离开洛阳。

眼见臣子一个个离开洛阳，晋怀帝再也坐不住了。最终，在青州都督苟晞的帮助下，晋怀帝得到十几条船准备带着他的财产迁都仓垣。好不容易一切准备就绪，金银珠宝也都装到船上了，晋怀帝动身出发，出了皇城，却遇到一伙强盗，吓得晋怀帝退回了洛阳，终究没有走成。

晋怀帝没有走成，刘聪却已经带兵杀来。

刘聪大军进入洛阳后，将洛阳洗劫一空，这是洛阳城遭遇的第二次浩劫。

晋怀帝此时命在旦夕，也不在乎他的荣华富贵了，便从华林园逃出，准备逃往长安。但是他一出园便被抓住，成为俘虏。皇帝成为阶下囚，西晋名存实亡。

刘聪乘胜攻击，将长安视为下一个目标。此时镇守长安的是南阳王司马模，司马模手下有一将领赵染，因与司马模不和，便领兵投奔了刘聪，在赵染的带领下，长安城很快就被攻下，司马模被俘。

知识库

司马模：字元表，河内郡温县（今河南省焦作市温县）人，司马懿四弟司马馗之孙，司马越之弟。刘聪占领长安后，赵染数落司马模的罪名，而后把他送到刘聪之子刘粲那里。刘粲将司马模杀死后，把他的妃子刘氏赐给胡人做妻子。

九五之尊遭毒杀

西晋建兴元年（313年），刘聪在宫中大摆筵席，宴请群臣，群臣中还有西晋旧臣，看上去，这些西晋旧臣过得还不错。席间，觥筹交错，歌舞群起，见一僮仆身穿青衣立于一旁，轮番为群臣斟酒，细看之下，不禁一惊，此人非同小可，乃是晋怀帝司马炽。

一朝是九五之尊，一朝却沦为僮仆，这真是让人感叹世事无常，福祸难测。

晋怀帝刚刚被押解到平阳的时候，还颇受礼遇，刘聪将其封为平阿公，后来又将其改封为会稽郡公，并与之叙旧、聊家常。

刘聪见晋怀帝身边无人，怕他寂寞，便将自己的妃子小刘贵人送给了他。

这会儿，"六刘"在刘聪的后宫最为得宠，小刘贵人乃是其一。这"六刘"乃是太保刘殷的两个女儿和他的四个孙女，当时，"六刘"同时入宫，刘聪以刘殷的两个女儿为左右贵嫔，以他的四个孙女为贵人，可谓震撼一时。此时，能够忍痛割爱，将自己宠爱的贵人拱手相让，可见刘聪待晋怀帝还不薄。也正是因为刘聪的"宽宏大量"，晋怀帝才能够安然活到今日。

也许是人性反复无常，在这日的宴会上，刘聪一改往日的态度，要求晋怀帝司马炽穿一身青衣，扮作僮仆，为在座群臣斟酒。

司马炽哪里受过这样的屈辱，自然心中不悦，便在脸上有所表现。刘聪手下的一帮大臣见此，不免要说些犀利话来侮辱晋怀帝，晋怀帝脸上的怒色更加明显。起哄的声音一浪高过一浪，在座的晋朝旧臣实在看不下去，庚珉、王隽等十几位大臣悲从中来，不禁大哭。

正在兴头上的刘聪见了此情此景，不免觉得扫兴，又想起近日来发生的事，心中大为光火。原来，刘聪的军队近日在作战中屡次被创，吴王司马晏的儿子司马邺被立为皇太子，成为西晋皇室接班人，此事让刘聪甚是气愤。

刘聪将庚珉、王隽等人斩杀，后来又赐晋怀帝司马炽一杯毒酒，将其毒杀。

知识库

刘殷：字长盛，新兴（今山西省忻州市）人。刘殷七岁丧父，服丧三年，从不露齿而笑。后州郡、朝廷征召，都推辞不就任。永嘉之乱后，刘殷落到刘聪手中。刘聪欣赏他的才能并提拔重用他。最后高寿而终。

逃不过被杀的命运

西晋建兴四年（316年），刘聪以刘曜为大元帅，领兵十万，再次进攻长安。一路上攻无不克，王师不战而溃，等刘曜来到北地，北地太守麹昌战不过，便向晋愍帝司马邺求救。

晋愍帝接到北地急报，便令麹允为大都督，分兵三万，前去支援。麹允领兵救援途中，遇到一群逃难的北地百姓，打听之下，才知道北地已经沦陷。麹允一听此话，不再前行，领兵掉头，进入长

安才发现自己中了刘曜的计谋。原来，得知麴允前往北地支援，刘曜害怕前后受敌，便传出假消息，让麴允以为北地沦陷，不敢前行。就在麴允撤军的途中，北地的麴昌因孤立无援战死，全军覆没，北地被刘曜占领。刘曜一攻破北地，便长驱直入，直奔长安。

长安被困，麴允、索綝无计可施，只能退守内城。晋愍帝向司马保求救，司马保在朝廷的不断催促下，才派胡崧出兵。这个胡崧虽作战英勇，却是个有心计的小人。

胡崧领兵在灵台大破刘曜，灵台距离长安只有四十里，若是胡崧能够乘胜追击，必然能够解除长安困境。然而，此人与麴允、索綝向来不和，唯恐长安之围解除以后，麴允、索綝二人再次把持朝政。抱着这样的想法，胡崧没有乘胜追击，反倒是按兵不动，观望起来。

救兵不来，而城中的粮草已尽，在这种情况下，晋愍帝只能吃麦饼煮成的粥为生，而这已经是最为奢侈的东西了。朝中大臣只能靠挖野菜为生，百姓饿死大半。

晋愍帝整日以粥来饱腹，不出几日，到了连粥都吃不上的地步。这晋愍帝何时受过这样的委屈，又见长安城内凄凉景象，他最终无法忍受，决定投降。

在古代，有一套专门的帝王投降仪式，那就是"乘羊车，肉袒，衔璧，舆梓，出东门降"。投降的共识达成以后，晋愍帝亲笔写下了投降文书，令人将其交予刘曜。

这一天，群臣将投降所用器物备置齐全，大开城门，晋愍帝乘着羊车，脱去上衣，嘴中含着玉，带着棺材，前往刘曜大营。刘曜

见晋愍帝来降，欣然接受。晋愍帝连同群臣皆被送往平阳。事后，刘聪担心留着晋愍帝，晋人复国之心不灭，就派人杀死了晋愍帝。

知识库

麹允：凉州金城（今甘肃省兰州市）人。晋愍帝司马邺视麹允为股肱之臣。晋愍帝投降刘曜后，遭其百般侮辱，麹允痛哭不止，刘聪大怒，将他关进监狱，麹允自杀。

王与马，共天下

晋愍帝被害的消息很快传到了建康，晋王司马睿的文武百官纷纷上书，请司马睿立即称尊。晋建武元年（317年），司马睿即晋王位。建武二年（318年），即皇帝位，改元太兴。

司马睿接受百官朝贺之后，做出了一件十分突兀的事情：司马睿请丞相王导和他共坐御床。御床是只有皇帝才有资格坐的。王导推辞再三，司马睿才罢休。

东晋的开国皇帝如此礼遇王导,不敢以臣僚视之,所以当时有人说:"王与马,共天下。"王导为司马氏在江南奠定了帝业,由此,琅邪王氏和东晋皇室司马氏开启了持续百年的门阀政治格局。

东晋孙盛《晋阳秋》记载:"太安中,童谣曰'五马浮渡江,一马化为龙'。永嘉大乱,王室沦覆,唯琅邪、西阳、汝南、南顿、彭城五王获济,至是中宗登祚。"《晋书》中也有类似的记载。

童谣中所指的"五马"是琅邪王司马睿、西阳王司马羕、南顿王司马宗、汝南王司马祐和彭城王司马纮(一说司马雄)五人。琅邪王司马睿是司马懿的第五子司马伷之孙,西阳王司马羕和南顿王司马宗都是司马懿的第四子汝南王司马亮的儿子,而司马祐的父亲司马矩则是汝南王司马亮的长子。

至于彭城王指的是谁,有人认为是当时的彭城王司马雄,也有人认为童谣中所指的彭城王是司马雄的弟弟司马纮。司马纮在南渡之初由司马睿做主,过继给了高密王司马据。多年后,苏峻之乱中司马雄因为投降叛军被处死,司马纮这时才得以成为彭城王,所以彭城王应该是司马雄。

其实永嘉之乱以后,南渡的司马宗室远不止这五个人,还有梁王司马翘、河间王司马颙、谯闵王司马承等。

司马睿能够从数"马"之内脱颖而出,一跃成"龙",是因为之前他在江东十年的经营,为晋朝保存了半壁江山。若不是当年八王之乱后,司马越派他镇守江南,他也没有登基称帝的资本。司马

睿在王导诸人的辅佐下，得到了大多数江东世族的肯定，他在江南逐渐站稳了脚跟。

司马睿坐稳皇帝位之后，渐渐感到王氏的势力过大，"王与马，共天下"的说法让司马睿觉得很不是滋味。更重要的是，在长江上游，建康的门户，此时被王导的族兄王敦所控制。司马睿不满内外皆为王氏左右的局面，试图收回本应属于他的皇权。

知识库

孙盛：字安国，太原郡中都县（今山西省晋中市平遥县）人。东晋中期史学家、名士、官员。孙盛出身于官宦名门，年轻时以善于清谈而闻名。孙盛一生著述颇丰，其著作以史学居多。

石勒与刘曜反目

东晋太兴元年（318年），汉主刘聪病死，太子刘粲继位。没多久，刘粲就被国丈靳准杀死。石勒得知消息后，就以讨伐靳准为名，率精兵进据襄陵北原。刘汉宗室刘曜自立为帝，封石勒为赵公、大司马、大将军，加九锡。不久，靳准为其堂弟靳明所杀。靳明后来派人把传国玉玺送给了刘曜，石勒进攻平阳，靳明从平阳突围，率众归于刘曜。石勒攻入平阳后，把宫室烧成了灰烬。

东晋太兴二年（319年），刘曜把国号从汉改为赵，史称"前赵"。石勒派王修为使，前去奉贺。刘曜刚称帝，也需要得到石勒的支持，就封石勒为太宰，晋爵赵王。石勒以前的一个从官曹平乐，现在是刘曜的属下，他对刘曜说要提防石勒。听了曹平乐的话，刘曜忙派人追回前去加封石勒为赵王的使者，并派人杀了王修。

王修的随从逃了回去，向石勒细述了王修被杀的原因。石勒与刘曜反目，于同年称赵王，史称"后赵"。

河北厌次是邵续、段匹䃅的驻地，此地是石勒一直想吞并的对象。东晋太兴三年（320年）春，邵续派兵与段匹䃅合力大破段末杯。随后，邵续的主力部队与段匹䃅一起北上幽州，段匹䃅另派弟弟段

文鸯深入蓟县。

石勒趁着邵续主力北上、后方空虚之机，派石虎率大军包围了厌次，另派大将孔苌攻下邵续附近的十一处别营。邵续率众出城迎敌，石虎将邵续诱出城后，设下伏兵，截断了邵续的归路，邵续苦战不胜，被石虎生擒。

石虎抓获邵续后，将邵续押到城下，让他劝厌次守军投降。但是邵续却让城上的侄子邵竺等人坚持固守，并奉段匹磾为主。

段匹磾听说厌次被围，便舍弃蓟县，火速南下援救。当离厌次还有八十里时，传来了邵续被俘的消息，跟随段匹磾的原邵续的部众，都觉得大势已去，一时奔散。此时，石虎也听到了段匹磾从幽州回师的消息，便率兵拦住了段匹磾回城的道路。段文鸯亲率手下数百亲兵，奋力苦战，杀出一条血路，才保护段匹磾进入厌次城中。

石虎见段匹磾入城坚守，就回师襄国，顺便也把邵续带了回去。石勒命属下张宝将邵续请到驿馆安置，不久任命邵续为从事中郎，并下令，以后凡是攻克敌人，抓获的士大夫都要送归襄国，不得擅自加害。

石虎虽然率大军回到了襄国，但是他留下孔苌率领一部分军队继续围攻厌次。东晋太兴三年（320年）六月，孔苌攻下了厌次周围十几座营垒。段文鸯趁孔苌得胜后不设守备，就在深夜率军从城中杀出，大破孔苌。孔苌狼狈而还。

东晋太兴四年（321年）春，石虎领大军前来，又把厌次围住。段文鸯请求出城与石虎一战，段匹磾不同意。段文鸯不听，率领数

十名壮士，突袭石虎的阵营。段文鸯左右突击，激战一天，终因力竭而被石虎的手下抓获。看到弟弟被抓，城内的段匹䃅预感到厌次守不住了，便换了一身晋朝的朝服，手持节杖，命人抬着棺材，向石虎投降。

至此，北方东部除了辽东的鲜卑慕容部、宇文部，尽归石勒所有。

知识库

襄国：位于今河北省邢台市襄都区。秦灭赵后，于此地置信都县，西楚霸王项羽分封诸侯，改信都为襄国，作为常山王张耳的国都。石勒建后赵，以襄国为都。后石虎迁都邺城（今河北省邯郸市临漳县），改襄国为襄国郡，为陪都。

一代枭雄桓温的处子秀

桓温家世显贵，他的父亲桓彝是当年的宣城内史，为官清正，有才干，将宣城地区治理得井井有条。苏峻之乱爆发后，桓温的父亲作为当地的首要官员自然要参与讨伐，在讨伐的过程中，桓温的父亲因被叛徒出卖而遇害。从此以后，桓温成了一个在仇恨中生活的少年，无时无刻不在想着为自己的父亲报仇，这是桓温成长中一个相当重要的转折点。后来，晋成帝将姐姐嫁给了桓温，桓温成了驸马都尉。

当时的南方，除了东晋政权，巴蜀地区还有一支割据势力，就是李雄所建立的成汉，又被称作"后蜀"。成汉实力较弱，距东晋又近，所以这里便成了桓温为自己建功立业的首选目标。

当时成汉的掌权者是李势，他仗着蜀道险阻，不做战备工作。东晋永和三年（347年）二月，桓温长驱深入，在离成都不远的平原地区上大耀军威。李势这时候如梦方醒，急命叔父李福、堂兄李权、将军昝（zǎn）坚等领兵迎敌。桓温留参军孙盛和周楚在彭模看守军需，自己则率领步兵直接进攻成都。

桓温遇到了李势的堂兄李权，大显军威，三战三胜，蜀军军心大乱，败逃回成都。李势亲自率众出战，在笮（zuó）桥与桓温大军大战一场。桓温的参军龚护在这场激战中阵亡，桓温便亲自上阵督战。战场上乱箭齐飞，忽然不知道从什么方向射来一箭，差点儿射中他所骑之马的马头，幸好桓温没有受伤。

桓温从没经历过这样的场面，于是命令鼓手鸣金收兵。但传令官可能是因为太紧张，命令鼓手擂起了战鼓，于是将军袁乔拔剑奋勇冲到队伍前列，晋军将士也都拼死力战。李势看到这样的场景，自知不能招架，只得退回成都。

桓温乘势进攻成都，在四面放火烧城门。看到大势已去，成汉的大臣们纷纷劝李势投降。李势就派散骑常侍王幼送去降书。桓温在得到降书后，便同意李势归降，而且不计罪责。李势前来投降，桓温以礼相待，派人送他到建康。

李势在建康待了十二年后去世。桓温的这次出击可以说是他的处子秀,他一路打到成都,灭了成汉,不仅使之并入东晋,而且赢得了老百姓的大力拥戴。桓温因在此战中立了大功,顺理成章被升为征西大将军,一代枭雄从此开始了他不平凡的一生。

知识库

苏峻之乱:东晋咸和二年(327年)爆发的一次大规模叛乱,由历阳内史苏峻发起,联合镇西将军祖约以讨伐庾亮为名起兵。庾亮与温峤推举陶侃为义军盟主,起兵平叛。东晋咸和三年(328年),苏峻兵败被杀。

总算保住了半壁江山

前秦建元六年（370年）四月，苻坚派出王猛统率杨安、张蚝、邓羌等十将，率步骑六万进攻前燕，开始了苻坚统一北方的战争。王猛的大军长驱直入，马上就到了邺城，把邺城围得水泄不通，不久之后，苻坚亲自率领大军浩浩荡荡赶来。

这时候前燕已是穷途末路，城内的百姓不得不为自己的生计考虑，于是有人乘夜打开邺城的北门，引前秦军入城。前燕皇帝慕容暐（wěi）被前秦的军队生擒。

前秦灭掉了前燕，对东晋来说绝不是一个好消息。北方第一次出现一个足以和东晋分庭抗礼的王朝。

前秦建元十九年（383年），苻坚开始为他灭亡东晋的计划做准备。

这一年的八月初二，苻坚派遣阳平公苻融统率张蚝、慕容垂等人的步、骑兵二十五万为前锋；以兖州刺史姚苌为龙骧将军，统率益、梁州诸多军事。八月初八，苻坚亲率步兵六十万，骑兵二十七万，开始南侵之征。

看到前秦军队来袭，东晋满朝文武惶恐不安。面对这样的情况，

谢玄向谢安问计。谢安淡定从容，一点儿也不着急。桓温的弟弟桓冲也深深地为建康的安全感到担忧，于是要派遣精锐三千人进入京师守卫，但是谢安坚决不接受。

十月，苻融攻下了守阳，捉获平虏将军徐元喜等人。苻融任命他的参军郭褒为淮南太守。另一边，慕容垂攻取了郧城。胡彬听说寿阳陷落，退兵坚守硖石。前秦卫将军梁成等人率领士兵五万驻扎洛涧，在淮河上设置栅栏作为障碍物，用以阻拦从东面赶来增援的晋军。

胡彬粮食耗尽，便秘密遣派信使向谢石、谢玄等人报告，说："今贼盛，粮尽，恐不复见大军！"这封信件被前秦士兵截获，交到了苻融那里。苻坚得悉消息后，就留大军在项城，自己带领轻骑兵八千人，靠近苻融于寿阳。

到了十一月，谢玄派广陵相刘牢之率领精兵五千前往洛涧，进行援助。刘牢之向前渡水，大破对方，斩梁成及弋阳太守王咏；又分兵截断他们归途中必经的渡口，前秦的士兵因此死了一万五千人。刘牢之的士兵还抓获前秦扬州刺史王显等人，缴获对方兵器及粮草无数。

这是东晋的第一次胜利。这次胜利让谢石等人看见了希望，晋军信心倍增，各路军队从水路继续前进。

苻坚和苻融在寿阳城上看到晋兵布阵严整，又望见八公山上的草木，也都以为是晋兵，不禁惆怅失意，显露出恐惧的神色。这就是成语"草木皆兵"的由来。

淝水之战，前秦大败，苻坚也在战斗中中了乱箭，慌忙之间率兵向淮北逃跑。

谢安得到战报时，正在与客人下围棋。他把战报收起来，还是一副淡定的模样，照旧下棋。客人问他刚才是什么事情，他慢慢地回答说："小儿辈遂已破贼。"等这盘棋下完之后，他才返回屋内，因内心激动，过门槛时猛地折断了屐齿。

> **知识库**
>
> 王猛：字景略，北海郡剧县（今山东省寿光市）人。出身贫寒，与前秦天王苻坚一见如故，成为苻坚的股肱大臣。任职十八年，北方呈现小康景象，人称"功盖诸葛第一人"。

总算保住了半壁江山

东晋彻底灭亡

东晋义熙十三年（417年），刘裕暗中命令中书侍郎王韶之谋害晋安帝，晋安帝驾崩时三十七岁。这个王韶之也是王家大族之后，"王与马，共天下"有他们家的一份，最后竟然是王家的人杀了司马家的皇帝。

晋安帝死后，刘裕立一直陪在晋安帝身边的琅邪王司马德文为帝，是为晋恭帝。晋恭帝时期完全就是刘裕建立宋朝的过渡时期。

元熙元年（419年）八月，刘裕进位成为宋王，移镇寿阳。这时刘裕距称帝仅一步之遥。元熙二年（420年）三月，刘裕想试探一下群臣对于自己称帝这件事情的看法，就召集朝臣在寿阳设宴。

在觥筹交错之中，刘裕委婉地表达了自己将要称帝的意向，然而参加酒宴的大臣们大多对这么重要的信息没有什么反应。宴会结束之后，中书令傅亮在旅途中反复思索着刘裕在酒桌上说的话，终于明白了刘裕的意思。

他连夜赶回刘裕王府，要求觐见刘裕。傅亮进门行礼毕，开口说："臣暂宜还都。"意思是说，我现在应该回到建康，去为您的大典做准备。刘裕心里也明白傅亮说的是什么，于是傅亮便告别刘裕，赶赴京城。

傅亮回到建康之后，便马上操办禅让的事情，他逼迫晋恭帝诏命"征"刘裕"入辅"，让刘裕能够前往建康来。

元熙二年（420年）六月壬戌日，刘裕带大队人马抵达建康。傅亮马上入宫，让晋恭帝司马德文照着早就写好的退位诏书抄了一遍，"禅让"天下。

禅位诏书一经下达，标志着自晋元帝南迁，历时一百零三年的东晋王朝彻底灭亡。这一年的六月丁卯日，刘裕于南郊登上高坛，继皇帝位，是为宋武帝，改元永初。

刘裕封晋恭帝为零陵王，徙至秣陵县。一年多后，刘裕派晋恭帝皇后的兄弟携毒酒去弑杀晋恭帝。褚淡之和褚叔度兄弟先把姐姐叫出来，说要话家常，引开褚皇后。皇后离开之后，三个兵士跳墙入室，用被子把晋恭帝闷死了。

两晋时期是一段夹杂着短暂统一和长久混乱的时期，更是北方少数民族全面南下、民族融合迅速加强的时期。随着北方北魏王朝和南方刘宋王朝的建立，南北朝时期就此开始。大混乱还在继续，士族还在消亡，历史还在继续。

知识库

傅亮：字季友，北地郡灵州县（今宁夏回族自治区吴忠市）人。南朝刘宋开国功臣。宋文帝即位后，加位散骑常侍、左光禄大夫、开府仪同三司，晋爵始兴郡公。南朝元嘉三年（426年），傅亮被宋文帝诛杀，时年五十三岁，其妻儿被流放。

梁武帝被活活饿死

刘裕即位后，立国号为宋，大力推行改革，国势逐渐好转。宋武帝刘裕病逝后，宋文帝刘义隆继续实行刘裕的治国政策，出现了"元嘉之治"的繁荣景象。刘宋后期，朝政混乱，南朝宋昇明三年（479年），掌握禁卫军的萧道成篡宋称帝，建立齐朝。齐朝只经历了两代就发生内乱，南齐中兴二年（502年），雍州刺史萧衍起兵灭齐建立梁朝，史称梁武帝。

梁武帝目睹了宋齐两个朝代都因皇族间的内乱而亡，因此对皇亲贵族格外宽容，而自己更是笃信佛教。就在梁武帝沉迷于佛教、朝廷上下混乱不堪之时，梁朝发生了一场大叛乱。

梁武帝曾多次出家，最后一次出家那天晚上，他做了一个莫名其妙的梦，梦见北朝的刺史、太守都来向南梁王朝投降。第二天，他把这个梦分享给了大臣们，他认为这是一个好兆

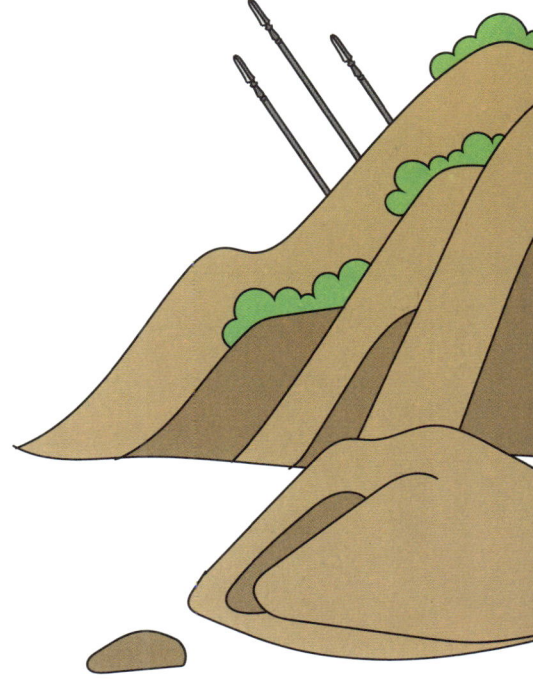

头。巧合的是，过了二十几天，西魏的大将侯景派人来，说他跟东魏、西魏都有冤仇，决心向南梁投降，还表示愿意把他控制的函谷关以东十三个州都献给南梁。

这个侯景本来是东魏丞相高欢手下的一员大将，高欢让他带十万兵马，镇守在黄河以南。后来高欢得了重病，临死前，想起在外头带着重兵的侯景，怕自己死后，侯景不受控制，于是就派人叫侯景回邺城。

可没想到侯景得知高欢的意图后，拒不接受东魏的命令，带着人马投降了西魏。西魏丞相宇文泰并不信任侯景，一面接受侯景的献地，一面召侯景到长安去，准备解除他的兵权。侯景觉察出不对劲，这才投诚南梁。

梁武帝见了侯景派来的使者之后，就召开会议，想听听大臣们是主张留下侯景还是不留他。大臣们基本持反对意见，怕接受北朝叛将，会引起纠纷，但梁武帝认为自己那个梦是个预兆，就是要让他接纳侯景，然后利用侯景恢复中原。于是他不顾大臣的反对，接受了侯景的投降，还把侯景封为大将军、河南王。

梁武帝派他的侄儿萧渊明带兵五万去接应侯景。结果萧渊明带兵北上的时候，遭到东魏的袭击，被打得一败涂地，萧渊明也被抓走了。同时东魏也进攻了侯景，把侯景打得跑到南梁躲了起来。

东魏派使者来到南梁，侯景怕东魏和南梁之间达成协议把自己卖了，就先一步叛变了。他带人很快打过了长江北岸，梁武帝派侄子萧正德在长江南岸布防抵抗。侯景引诱萧正德叛变，说自己会拥

护他做皇帝。萧正德因此投靠了侯景，还帮助侯景顺利地进入建康，把梁武帝居住的内城包围了起来。

侯景带人攻打了一百多天，终于打进城里，俘虏了梁武帝，自封为大都督，掌握了大权，之前带路的萧正德也被他杀死。梁武帝被侯景软禁起来，最后被活活饿死。

后来，侯景又先后立了两个梁朝皇帝当傀儡。南梁大宝二年（551年），他自立为皇帝，第二年，梁朝大将陈霸先、王僧辩率领大军从江陵出发，进攻建康。侯景被打败后，落荒而逃，在路上被部下杀了。

南梁经过这场"侯景之乱"后，变得四分五裂没法收拾了。南梁太平二年（557年），陈霸先在建康建立陈朝，是为陈武帝。

知识库

萧渊明：字靖通，南兰陵（今江苏省常州市武进区）人。南朝梁第七位皇帝，梁武帝萧衍之侄。在北齐文宣帝高洋和太尉王僧辩的支持下，于南梁承圣四年（555年）即位为帝。在司空陈霸先发动兵变后，被迫退位。南朝梁太平元年（556年），毒疮发作而死。

北魏全盘汉化

北魏孝文帝名叫拓跋宏,在他亲政后,为了让鲜卑族完全汉化,孝文帝力排众议,把都城迁到洛阳。经过孝文帝大刀阔斧的改革,洛阳渐渐地发展成一座国际化的大都市,一片繁荣的景象。

为了使鲜卑人与汉人逐渐融合,也为了让汉人对自己产生好感,孝文帝禁止"一族之婚,同姓之娶",他以身示范,不仅自己娶了几个汉人,还让兄弟姐妹也跟汉人结婚。

在皇室的表率下,鲜卑贵族也纷纷与汉族通婚。这么一来,鲜卑族跟汉族之间的联系就更加紧密,汉人也因此提高了身份和地位,鲜卑人则从汉人那里学到了不少文化知识,自身也越来越进步。

孝文帝知道,要想让北魏在中原的统治越来越稳定,就要全面实行汉化改革,从鲜卑部落模式向汉人的集权模式转变。

孝文帝的汉化方针涉及了老百姓的户籍问题。他要求凡是到洛阳生活的鲜卑人,一概不能再使用原籍,通通入洛阳籍,死了以后也要在洛阳入土。另外,为了让人们交流得更顺畅,孝文帝还规定以汉语代替鲜卑语。他要求朝中的文武大臣,凡是三十岁以下的,通通要用汉语讲话,一旦发现有人在朝廷上说鲜卑语,就对其降职免官。

北魏太和二十年（496年），孝文帝开始改革鲜卑族的姓氏，要求鲜卑人把复姓一律改成汉姓。这样一来，拓跋氏就改为元姓，丘穆陵氏改为穆姓，步六孤氏改为陆姓，独孤氏改为刘姓。除了管理户籍、姓氏以及规范语言之外，孝文帝还让鲜卑人都改穿汉人的服装。

孝文帝在北魏实施的全盘汉化政策促进了民族大融合，随着时间的推移，儒家思想也在鲜卑族社会中生根发芽，基于共同文化的共同心理逐渐形成。

鲜卑人与汉人在许多方面，如语言、文字、风俗、经济、政治等方面达到了高度的一致，反过来，民族间一致性与和谐度的增加又促使族际通婚现象大量增多，族际通婚不再需要政府督促，而成了民族间交流的自然产物。错综复杂的婚姻关系网把鲜卑族与汉族两个民族紧密地联结在一起。广泛的交往、共同的生活方式巩固了多民族之间的联系。

北魏孝文帝变法之后，北方的民族矛盾有所缓和。但是北魏政治日益腐败，开始走向衰落。最后，北魏的实权落到了高欢和宇文泰手里。

北魏太昌元年（532年），高欢立元修为帝，是为孝武帝，但元修无法容忍高欢掌握实权，逃到长安投靠了宇文泰。

永熙三年（534年），高欢又立元善见为帝，是为孝静帝，迁都邺城，这就是历史上的东魏。迁都时，高欢强迫洛阳城内四十万户

居民一同迁徙，并将洛阳宫殿也拆掉，运往邺城，锦绣帝都一夜之间化作满地废墟。

第二年，孝武帝因为与宇文泰产生矛盾，被宇文泰毒死，宇文泰立元宝炬为帝，建都长安，这就是历史上的西魏。

知识库

高欢：小字贺六浑，原籍渤海蓨（tiáo）县（今河北省衡水市景县），出生于怀朔镇（今内蒙古固阳）。东魏权臣，北齐奠基人。其次子高洋建立北齐后，追尊高欢为献武皇帝，庙号太祖，后被改尊为神武皇帝，庙号高祖。

北魏全盘汉化

天下重新获得统一

东魏武定八年（550年），高欢的儿子高洋建立北齐，西魏恭帝四年（557年），宇文泰的儿子宇文觉建立北周。北齐和北周之间，谁也不服谁，相互征战，最终北周灭掉北齐，统一北方。北周大定元年（581年），北周外戚杨坚建立隋朝，是为隋文帝。

由于"侯景之乱"对南朝的破坏，陈朝建立时已经是南朝转弱、北朝转强的局面。幸运的是，陈武帝陈霸先成功抵御北齐的入侵，再加上北方的政治动荡，南方的陈朝获得了短暂的发展机会。陈霸先病逝后，陈文帝、陈宣帝先后励精图治，革除奢侈腐败之风、实行轻徭薄赋政策，陈朝政治得以安定，江南经济得以恢复。但第五位皇帝陈后主陈叔宝继位后，陈朝国势却江河日下了。

陈后主立宠妃张丽华为皇贵妃后，沉溺于酒色之中，整天花天酒地，不问政事，醉心于诗文。

陈后主是创作艳情诗的高手，他的诗歌留存有九十九篇，其中拟乐府诗有六十九篇，占到三分之二以上。无怪乎隋文帝杨坚评价陈后主："陈叔宝的失败皆与饮酒有关，如将作诗饮酒的功夫用在国事上，岂能落此下场！当贺若弼攻京口时，边人告急，陈叔宝正在饮酒,不予理会;高颎攻克陈朝宫殿,见告急文书还在床下,连封皮都没有拆,真是愚蠢可笑到了极点,陈亡也是天意呀!"

皇贵妃张丽华才貌双全,深得陈后主宠幸。起初只是执掌内事,后来开始干预外政。如果有人犯法,只要有张丽华求情,无不得以开脱。凡事只要张丽华一句话,没有不立即解决的。整个陈朝,可以说是只知有张丽华,而不知有陈叔宝。

当陈后主耽于酒色之时,北方的隋朝逐渐强大起来,意欲灭陈统一全国。隋开皇八年(588年),隋文帝命晋王杨广、秦王杨俊、清河公杨素为元帅,总管韩擒虎、贺若弼等率五十一万大军分道直取江南。面对隋朝的进攻,陈后主陈叔宝自恃长江天险,不理朝政,照样娱乐。

隋开皇九年（589年）二月，贺若弼、韩擒虎逼近建康。当时建康城中还有十万大军，陈后主却慌得六神无主，甚至日夜啼泣，他的宠臣们对军事更是一窍不通。

很快，隋军进入皇宫，陈叔宝带着两个贵妃逃到后殿，跳进井里。隋军士兵向井里窥视，并高声大叫，井下没人应答。士兵威胁要往井下扔石头，井里的陈后主才大声求救。士兵抛下绳索往上拉，觉得非常沉重，以为陈后主很胖，等到把绳索拉上来才发现，原来一根绳索上不仅有陈后主，还有他的两个妃子。陈后主被掳至长安，十六年后在洛阳病死。

南朝的最后一个朝代陈朝自此灭亡。自公元316年西晋灭亡起，延续二百七十多年的分裂局面，终于重新获得了统一。

知识库

张丽华：家中贫困，以织席为业。十岁时，张丽华被选入宫，做太子陈叔宝的良娣龚氏的侍女。陈叔宝一见张丽华就喜欢上了她，她由此得宠，为陈后主生下太子陈深。陈朝灭亡后，张丽华被长史高颎下令斩杀，一说被杨广下令斩杀。